Allow
YOURSELF
to GROW

Körper

Allow YOURSELF *to* GROW

Das Workbook für mehr
Achtsamkeit, Erfolg und Glück

Community
EDITIONS

Inhalt

Meine *GESCHICHTE*

Ein langer Weg liegt hinter mir, um an den Punkt zu kommen,
so reflektiert und offen über all die Themen zu schreiben, die in meinem Workbook
auf dich zukommen werden. Ich bin keine Psychologin oder ähnliches, ich bin nur eine Frau,
die in einen gefährlichen seelischen Strudel geraten ist – voller Selbstzweifel, mit wenig
Selbstwert. Und das Schlimmste: ein diagnostiziertes Burn-out und Depressionen,
die mich mit 25 Jahren an meinen seelischen Tiefpunkt gebracht haben.

Von außen war mein Leben mit 25 perfekt: Drei erfolgreiche Firmen, Immobilien in der Kölner Innenstadt und eine große Penthouse-Wohnung am Stadtrand, ein adoptierter Hund aus Rumänien und ganz frisch glücklich verheiratet. Besser hätte es beruflich und privat also nicht laufen können – von außen betrachtet. Denn in mir drin sah alles leider ganz anders aus. Mich plagten jeden Tag depressive Gedanken, Panikattacken, die so schlimm wurden, dass ich kaum noch das Haus verlassen konnte, gesundheitliche Einschränkungen und Kraftlosigkeit, die mich kaum noch mit dem Hund rausgingen ließen. Dieser negative Strudel nahm kein Ende und irgendwann verstand ich, dass ich tiefer kaum noch fallen konnte und dass ich allein hier nicht mehr rauskommen würde.

Also holte ich mir Hilfe und begann meine erste Psychotherapie mit dem Gedanken, dass sich das alles nach ein paar Wochen bestimmt geklärt haben würde. Na ja, dass das ein sehr naiver Gedanke und die Lage viel drastischer war, machte mir meine Psychologin ziemlich schnell bewusst. Ich war krank. Ich litt an einem Burn-out und Depressionen, die ich so lange ignoriert hatte, bis mein Körper mich so sehr einschränkte, dass ich meinen Problemen Aufmerksamkeit schenken musste.

Ich weiß also, wie es ist, wenn aus Sorgen Ängste werden und aus Ängsten Panikattacken. Wie es sich anfühlt, kraftlos und überfordert zu sein und von Gedanken gelenkt zu werden, die so sehr verinnerlicht wurden, dass sie zur eigenen Realität geworden sind. Ich weiß aber auch, wie wir lernen können, unsere Gedanken umzudrehen, zu überdenken und neu zu gestalten. Wie wir auf uns und unseren Körper hören und in Einklang mit unseren Gedanken kommen können. Und wie wichtig es doch ist, sich um seine mentale Gesundheit zu kümmern.

Ich habe angefangen, mich täglich mit all den Themen zu befassen, die du in diesem Buch finden wirst. Ich habe so viel gelesen, recherchiert, Podcasts gehört und natürlich eine jahrelange Therapie gemacht. Meine Erkenntnisse und meinen persönlichen Weg möchte ich in diesem Buch mit dir teilen, denn diese gesammelten Informationen und Denkanstöße hätte ich damals gebraucht. Das Buch ist ein Alltagsbegleiter für Themen, die wichtig für uns sind, wenn wir an uns arbeiten und wachsen wollen. Ich möchte, dass dieses Workbook dich inspiriert und dich bei deiner wichtigsten Lebensaufgabe unterstützt: ein erfülltes Leben zu erfahren und ein positives Mindset zu gestalten.

So funktioniert MEIN WORKBOOK

Mein Workbook „Allow Yourself to Grow" soll genau das bewirken:
dir persönlich dabei helfen zu wachsen. Du entscheidest, worauf du deinen Fokus
legen möchtest, was du angehen willst und wobei meine Tipps dir helfen können.

JEDE WOCHE EIN NEUES THEMA

Mit diesem Buch kannst du sechs Monate lang jede Woche ein neues Thema
angehen, Informationen erhalten, Neues über dich lernen und vor allem: praktisch
arbeiten. Denn nach jedem Kapitel hast du die Möglichkeit, eine Wochenaufgabe zu
bearbeiten und für die nächsten sieben Tage einzuplanen. Danach hast du außerdem noch Platz für eigene Notizen, Gedanken und Reflexionen.

VERÄNDERUNG IST EIN PROZESS

Es wird in diesem Buch eine Sache geben, die du oft lesen wirst:
Veränderung ist ein Prozess! Nichts wird von heute auf morgen geschehen.
Am Anfang wird es dich Überwindung kosten, es kann unangenehm –
ja, vielleicht sogar schmerzhaft – sein, doch am Ende wird es sich lohnen.
Denn mit der Zeit durchläuft dein Gehirn einen Änderungsprozess,
in dem neue neuronale Verknüpfungen gebildet werden, was letztendlich
zu der gewünschten Veränderung führen kann.

KEIN ANSPRUCH AUF VOLLSTÄNDIGKEIT

Mit Blick auf die Menge und Tiefe der einzelnen Themen könnten wir
dieses Workbook fast schon als eine Art Bootcamp bezeichnen. Zu jedem
Thema existieren eigene Bücher. Mir war es ein Anliegen, dir einen Überblick und
erste Impulse zu geben. Wenn du dich jede Woche mit den Themen beschäftigst,
findest du heraus, wo es am meisten zwickt oder was dir bereits leichtfällt.
Dadurch bekommst du ein Gefühl dafür, mit welchen Themen du dich
noch mal längerfristig auseinandersetzen kannst.

NIMM DIR, WAS DU BRAUCHST

Ich habe versucht, das Workbook in sinnvolle Kapitel aufzuteilen,
die aufeinander aufbauen. Doch natürlich bist du frei in deiner Entscheidung,
womit du anfängst. Wenn es ein Thema gibt, das dich aktuell am meisten
interessiert, kannst du natürlich auch in dieses Kapitel springen.

DEIN EIGENES TEMPO

Dir geht das alles etwas zu schnell oder du hast nicht so viel Zeit?
Kein Problem! Du trägst deine Wochen selbst ein und entscheidest, in welchem
Tempo du mit deinem neuen Begleiter arbeiten möchtest. Es ist viel wichtiger,
dass du dir bewusst Zeit für dich und dein Wachsen nimmst.

SEI KREATIV!

In diesem Workbook habe ich nicht nur ein paar persönliche Bilder
für dich eingebaut, sondern auch meine Lieblingssprüche, Zitate und Grafiken.
Du kannst damit sehr gerne kreativ werden! Wenn du sie rausschneidest, kannst du
dir damit eine individuelle Collage basteln, z. B. für ein Vision Board.

KRITZELN, UMKREISEN UND MARKIEREN NICHT VERGESSEN

Ich kann dir nur empfehlen, das Buch mit mindestens einem Stift zu lesen
und zu bearbeiten. Sei nicht schüchtern und lege los. Kreise dir wichtige Sätze ein,
mache dir Stichpunkte und nutze die unbeschriebenen Seiten, um deinen
Gedanken freien Lauf zu lassen. So kannst du das Buch immer wieder betrachten,
die wichtigsten Stellen noch einmal verinnerlichen und vor allem sehen,
wie weit du schon gekommen bist.

DISCLAIMER

Wenn es dir nicht gut geht – vor allem über eine längere Zeit –, nimm unbedingt professionelle Hilfe an! Die erste Anlaufstelle dafür ist ärztliches Fachpersonal. Die Suche nach einer therapierenden Person, mit der du dich gut verstehst und die zu dir passt, kann zwar etwas Zeit in Anspruch nehmen, aber es lohnt sich.

Ich möchte dir außerdem noch folgende Anlaufstellen ans Herz legen:

Die Nummer gegen Kummer
Für Kinder, Jugendliche, junge Erwachsene:
Per Telefon: 116 111, per Mail und Chat unter https://www.nummergegenkummer.de/
kinder-und-jugendberatung/online-beratung
Für Eltern: 0800- 111 0 550

Die TelefonSeelsorge®
Per Telefon unter 0800-111 0 111, 0800- 111 0 222 oder 116 123,
per Mail und Chat unter https://online.telefonseelsorge.de

Lokale Anlaufstellen
In einigen Städten gibt es speziell eingerichtete Sorgen- bzw. Krisentelefonnummern oder Beratungsstellen.

1

ZIELE und VISIONEN

Wer kennt es nicht? Wir sind super motiviert und beflügelt,
unsere Ziele umsetzen zu wollen oder unsere Gewohnheiten zu ändern.

Ein klassisches Beispiel: mehr Sport treiben. Am Anfang klappt es sehr gut
und wir sind motiviert, doch dann fallen uns irgendwann wieder die üblichen
Entschuldigungen ein, das Fitnessstudio sausen zu lassen. Es geht aber nicht nur
um die gängigen, äußerlichen Vorsätze. Viel schwerer ist es, unsere Ziele und
Visionen im Bereich Mindset anzugehen und dauerhaft zu verändern.

Denn nur wenn wir das tun, können wir langfristig an einem erfüllten
und glücklichen Leben arbeiten. Mein Workbook kann dir dabei helfen. In diesem
Kapitel geht es darum, deine Ziele zu definieren, Visionen zu manifestieren und
diese dann bewusst jeden Tag zu leben.

Wieso du dir Ziele setzen solltest

Eigentlich ist es ganz einfach: Mit klar definierten Zielen machen wir
etwas Unsichtbares (wie Ideen und Wünsche) zu etwas Sichtbarem (Ziele).
Egal, ob du eine private oder berufliche Zielsetzung verfolgst – Ziele reduzieren
Stress und machen den Prozess sichtbar. Durch die daraus gewonnene
Klarheit entstehen neue Fokuspunkte, die positive Gefühle hervorrufen können.
Diese Positivität treibt uns an dranzubleiben, Fortschritte zu sehen und
mehr davon zu wollen.

So definierst du DEINE ZIELE

**1. First things first: Nimm dir Zeit
und schreibe deine Wünsche und Ideen auf.**

**2. Lege dich zunächst auf ein Thema fest, z. B. einen
erfüllten Job zu finden oder ein positives Leben anzustreben.**

**3. Nun solltest du deine Wünsche und Ideen in realistische Ziele
verwandeln, die messbar sind. Sie sollten zudem erreichbar
sein und einen festen Termin haben.**

4. Jetzt kannst du kreativ werden!
Erstelle ein ansprechendes Vision Board (online oder auf Papier), um deine
Ziele zu visualisieren. Hier kannst du sehr gut mit verschiedenen Bildern, Zitaten,
Listen und Gedanken arbeiten. Nimm dir Zeit und erstelle etwas Schönes,
du wirst nun oft damit arbeiten! Ich kann dir Canva empfehlen, wenn du
dein Vision Board digital erstellen willst, es kann aber auch viel wert sein,
zu Schere und Papier zu greifen.

5. Der Platz für dein Vision Board ist entscheidend!
Wähle nun eine bewusste Stelle, an der dein Vision Board gut sichtbar ist.

**6. Beschäftige dich täglich mit deinem Vision Board und
baue diesen Vorgang in deine Routine ein.**

So bleibst du dran

Brich deine Ziele, die du dir auf der übergeordneten Ebene gesetzt hast,
in kleinere auf Mikro-Ebene herunter, damit sie realistischer werden.
Zeitmanagement spielt eine große Rolle, ist aber sehr individuell, wie ich finde.
Zum Thema *Produktivität* zeige ich dir ab S. 165 einige Tipps, wie ich meine
Aufgaben angehe. Eines sollte dir aber auf jeden Fall klar sein: Rückschläge sind
normal, Ziele können nicht immer linear verfolgt werden und wir alle machen
Fehler. Plane diese Aspekte ein und lasse dich nicht demotivieren.

Der wohl wichtigste Tipp bezieht sich aber auf die Machbarkeit von Zielen.
Kleine, realistische Ziele, die du leicht in deinen Alltag einbeziehen kannst,
helfen dir, langfristig dranzubleiben. Statt das Ziel zu haben, vier Mal die Woche ins
Fitnessstudio zu gehen, solltest du dir anfangs lieber vornehmen, deinen Sport
zu Hause für nur 15 Minuten in deinen Alltag zu integrieren.

Wenn du mehr zu der richtigen Herangehensweise an Ziele erfahren
möchtest, kann ich dir *Die Tiny Habits®-Methode* von Dr. B. J. Fogg
empfehlen, der sie im Stanford Behavior Design Lab mit über 40.000
Probanden getestet und weiterentwickelt hat.

DEINE WOCHENAUFGABE

Definiere diese Woche ein klares Ziel und
erstelle ein Vision Board dazu!

Woche:

MONTAG

DIENSTAG

MITTWOCH

DONNERSTAG

FREITAG

SAMSTAG

SONNTAG

IDEEN UND GEDANKEN

Zeit zum REFLEKTIEREN

2

POSITIVE GEDANKEN

Eines meiner Lebensmottos lautet: „Positives zieht Positives an."

So einfach sich dieses Lebensmotto liest, so schwer ist es zu verstehen, zu verinnerlichen und letztlich danach zu leben. Es ist zwar ein langer Prozess, aber einer, der sich auszahlt! Am Anfang meiner Reise war mir nicht klar, wie groß die Auswirkungen eines positiven Mindsets für mich sein würden. Als ich dieses Lebensmotto verinnerlicht und schlussendlich danach gelebt hatte, konnte ich immer mehr Vertrauen in mein Leben, meinen Alltag und in mein alltägliches Handeln gewinnen.

Um ein maximal positives Ergebnis zu gestalten, halte ich mich an zwei entscheidende Grundsätze:

1. Mache dir stets bewusst, dass Gedanken – besonders negative Gedanken, die leider oftmals unser Denken bestimmen – nicht die Realität sind!

2. Der Motivationstrainer Jim Rohn sagte einmal: „Du bist der Durchschnitt der fünf Menschen, mit denen du die meiste Zeit verbringst." Deswegen möchte ich dir ans Herz legen, Abstand von Menschen zu nehmen, die nur negativ denken und dich damit negativ beeinflussen. So hart es im ersten Moment auch klingen mag: Positives zieht nicht nur Positives an, sondern – meiner Meinung nach – auch Negatives das Negative.

Alles in und um uns herum besteht aus Energie. Das ist das Fundament meines Lebensmottos. Bist du schon mal von der positiven Energie eines Menschen angesteckt worden? Mit welcher Energie startest du morgens in den Tag? Ich habe die Erfahrung gemacht, dass mich eine positive Lebenseinstellung viel leichter aufstehen lässt und zur Produktivität beiträgt. Sie ist der Grundstein für mein glückliches Leben und trägt mich durch den ganzen Tag.

ENERGIEQUELLEN

Der erste Schritt für ein positiveres Mindset ist das tägliche Bewusstwerden der eigenen Lebenseinstellung und der damit verbundenen Gedanken. Um dein Energielevel anzuheben, kannst du im nächsten Schritt auch einige Dinge im Außen unternehmen:

- ein Glas Wasser

- Sonnenlicht

- Nährstoffhaltige Lebensmittel

- Bewegung

- Mit lieben Menschen oder Tieren kuscheln

- Dich um dich selbst kümmern

- Meditation

- Lesen

- Musik

- Frische Luft

- Freunde und Familie

- Kreativ sein

- Schreiben

- Journaling

- Schlafen

Wir alle haben Tage, an denen es uns nicht gut geht. Vielleicht hast du schon mal von dem Begriff „Toxische Positivität" gehört. Deine positive Einstellung sollte nicht dazu führen, dass du all deine negativen Gefühle und Gedanken im Keim erstickst, negierst und unterdrückst. Denn auch diese haben eine Daseinsberechtigung! Bei der Arbeit an dir selbst sollte das Ziel sein, deine Einstellung langfristig positiver zu gestalten und dich so besser für schlechte Zeiten zu wappnen.

Versuche, meinen Worten einen Vertrauensvorschuss zu geben, und schaue, was passiert. Ich verspreche dir, dass sich damit dein ganzes Leben ändern kann ...

DEINE WOCHENAUFGABE

Diese Woche kümmern wir uns um deine Energie. Stelle dir vor, du würdest deine Energie in einem Energiebalken sammeln. Umso voller dein Balken ist, umso besser wird es dir gehen. Ziel ist es, dass du dir besser über deinen Energiehaushalt bewusst bist. Was gibt dir Energie und was nimmt dir Energie? Wie kannst du lernen, besser damit umzugehen? Was kannst du in deinem Alltag ändern, um langfristig von deiner Energie zehren zu können?

1. Fülle für jeden Tag der kommenden Woche den Energiebalken aus und trage dort ein, wie du deinen Energiehaushalt auf einer Skala von 0 (keine Energie) bis 100 Prozent (sehr viel Energie) einordnen würdest.

2. Beziehe dabei folgende Aspekte mit ein: körperlich, mental, seelisch.

3. Schreibe auf: Was hat dir heute Energie gegeben und bei welchen Dingen hattest du das Gefühl, sie zu verlieren?

4. Schreibe fünf konkrete Maßnahmen auf, um deinen Energiebalken diese Woche zu füllen. Trage dann ein, an welchen Tagen du sie umsetzen wirst.

Woche:

MONTAG

									100

DIENSTAG

									100

MITTWOCH

									100

DONNERSTAG

									100

| | | | | | | | | | | 100 | | FREITAG |

| | | | | | | | | | | 100 | | SAMSTAG |

| | | | | | | | | | | 100 | | SONNTAG |

IDEEN UND GEDANKEN

Zeit zum REFLEKTIEREN

Wenn sich Dinge IN DIR ändern, ändert sich auch deine AUSSENWELT.

Botschaften für DICH

Ich folge meinem Herzen.

Ich bin Liebe.

Ich wachse – jeden Tag.

Ich entscheide mich für Freude.

Ich bin stark.

Ich verdiene alles Gute in dieser Welt.

Heute wird ein wundervoller Tag.

Ich bin genau richtig, wie ich bin.

Ich bin geduldig mit mir und weiß,
dass ich stets mein Bestes gebe.

Ich bin in Sicherheit.

Ich bin stark und schaffe das.

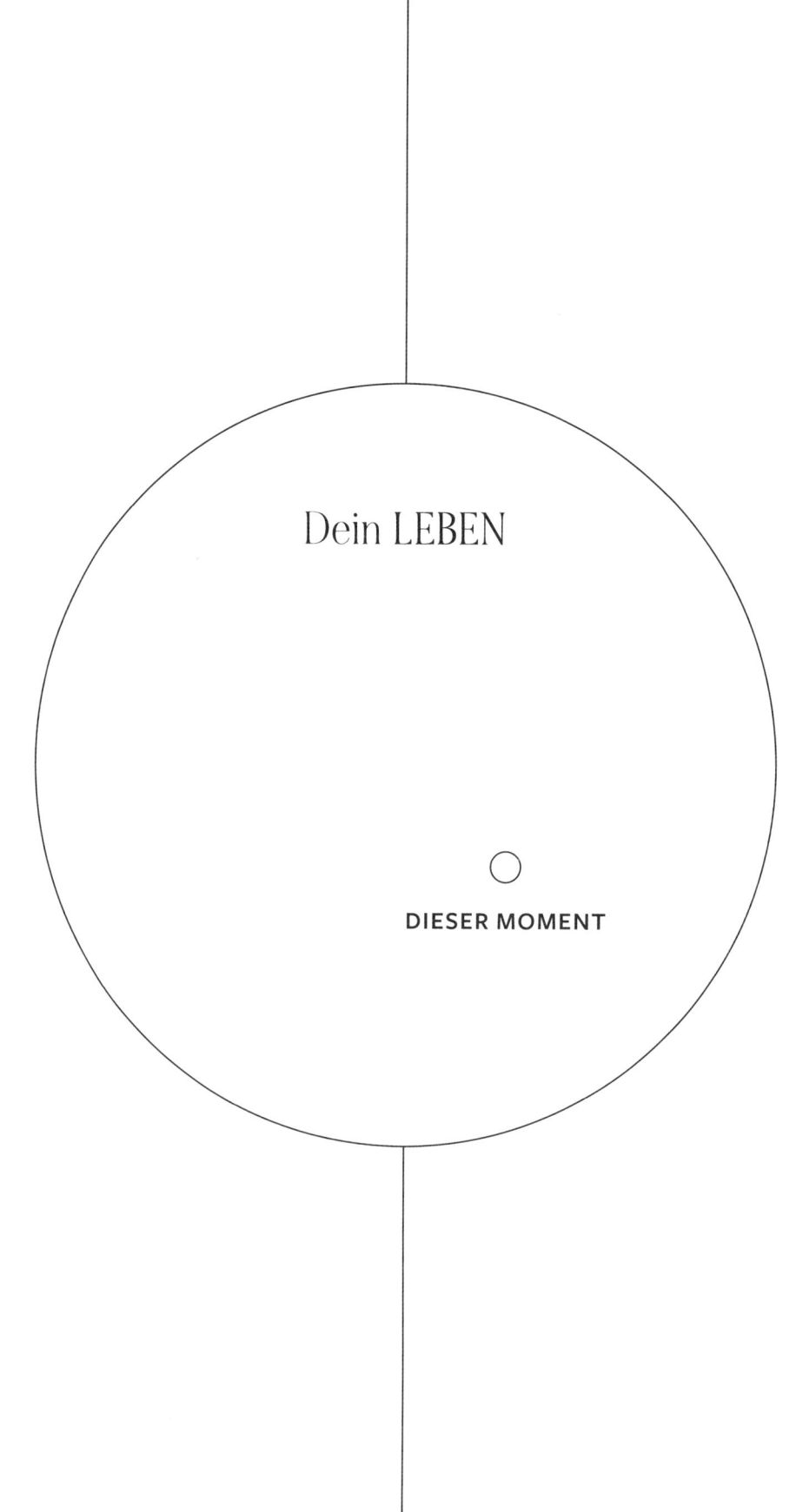

Dein LEBEN

DIESER MOMENT

3

AFFIRMATIONEN

Affirmationen sind meist kurze, positive Sätze, die laut oder leise wiederholt werden. Sie sollen das Unterbewusstsein dazu stimulieren, diese Sätze als wahr anzunehmen und potenziell negative Glaubenssätze langfristig aufzulösen.

Das erste Mal, dass ich mit Affirmationen in Berührung gekommen bin, war während meiner ersten Yoga-Stunden. Ich hatte bis dahin absolut keine Ahnung, was eine Affirmation ist, und hatte das Wort vorher auch noch nie gehört. Zu diesem Zeitpunkt war ich am Tiefpunkt meiner psychischen und physischen Gesundheit angekommen und griff auf der Suche nach Besserung nach jedem Strohhalm. *Meditation* und *Yoga* (S. 55–65) waren zwei der Maßnahmen, die ich begann. Und was soll ich sagen? Mein Leben kann ich mir heute ohne Affirmationen nicht mehr vorstellen. Ich habe sie so fest in meinem Alltag integriert, dass sie mich manchmal präsenter, aber meistens eher still im Hintergrund begleiten. Wenn du einmal verstanden und nachempfunden hast, was Affirmationen sind und wie sie sich auf dich auswirken, hast du ein tolles Werkzeug, auf das du immer wieder zurückgreifen kannst, um in Einklang mit dir selbst zu kommen.

Um Affirmationen Teil deines Lebens werden zu lassen, braucht es keine Hilfsmittel. Du musst auch nichts Besonderes beachten. Eine Grundvoraussetzung ist aber, dass du dir deiner negativen Glaubenssätze bewusst bist. Wir alle haben im Laufe unseres Lebens, vor allem in der Kindheit, Sätze entwickelt und angenommen, die uns geprägt haben. Zum Beispiel: „Nur, wenn ich hart arbeite, werde ich geliebt." Bei näherer Betrachtung entsprechen viele von ihnen nicht der Wahrheit. Sie wirken sich negativ auf unser gesamtes Leben aus. Nur, wenn wir unsere negativen Glaubenssätze kennen und reflektieren können, geben uns Affirmationen die Möglichkeit, sie aufzulösen.

Erster Umgang mit AFFIRMATIONEN

Schreibe dir die negativen Sätze auf, die du in deiner Kindheit oft gehört hast. Notiere dir außerdem, wie deine Eltern sich verhalten haben und nach welchen Glaubenssätzen sie womöglich gelebt haben.

Werde dir darüber bewusst, dass diese negativen Glaubenssätze nichts mit der Realität zu tun haben.

Schreibe dir neben den Sätzen nun auf, welche positiven Affirmationen dagegen wirken können. Wenn dir das anfangs schwerfällt, versetze dich in einen guten Freund oder eine gute Freundin: Was würde sie dir anstatt der negativen Sätze Liebevolles sagen wollen?

Integriere deine neuen, positiven Affirmationen in deinen Alltag. Lies sie dir abends vor dem Schlafengehen in Ruhe durch oder sprich sie morgens im Bad zu deinem Spiegelbild. Durch lautes Aufsagen kann dein Bewusstsein die Affirmationen besser verinnerlichen und die neue Information besser abspeichern.

Mache deine positiven Affirmationen sichtbar. Hänge dir in deiner Wohnung kleine Notizzettel auf oder trage die wichtigsten auf einem Zettel immer bei dir. Solltest du im Alltag bemerken, dass du in deinen negativen Glaubenssätzen gefangen bist, hole den Zettel heraus und lies dir deine positiven Affirmationen vor.

Habe Geduld mit dir selbst. Es braucht Zeit, bis dein Unterbewusstsein die neuen Affirmationen annimmt und sie zu deiner Realität werden lässt. Schließlich warst du bis heute ganz viele Jahre von einer anderen Wahrheit überzeugt. Bleibe dran!

Affirmationen gegen negative Glaubenssätze

„Du bist zu laut! – Du bist zu dick! – Immer machst du etwas kaputt."
Als Kind werden diese Sätze, meistens von unseren Eltern ausgesprochen, nicht nur
für den Moment der Aussprache negativ abgespeichert. Unterbewusst ergänzen
wir diese Vorwürfe noch mit weiteren Informationen, die uns tief prägen können.
So hören wir nämlich nicht nur: „Ich mache alles kaputt", sondern schließen
daraus auch: „Ich mache alles kaputt, ich bin zu nichts zu gebrauchen."

Mithilfe positiver Affirmationen und der Selbstreflektion vergangener Ereignisse
entsteht ein Bewusstsein darüber, dass diese in der Kindheit kommunizierten
Inhalte nicht der Realität entsprechen. Dadurch kann es uns gelingen,
unsere Glaubenssätze zu ändern und uns persönlich weiterzuentwickeln.

DEINE WOCHENAUFGABE

- Schreibe deine negativen Glaubenssätze auf und finde positive
  Affirmationen, die zu dir passen.

- Schreibe deine neuen Affirmationen auf einen oder mehrere Zettel auf.

- Hänge die Zettel auf, lege sie neben dein Bett oder trage sie
  immer bei dir.

- Werde dir – am besten mehrmals täglich – über deinen Affirmationen
  bewusst, sage sie dir innerlich vor oder sprich sie laut aus.

- Fühle danach bewusst in dich hinein: Was machen diese Worte mit dir?
  Was wäre, wenn sie wahr wären? Wie fühlst du dich jetzt?

Woche:

MONTAG

DIENSTAG

MITTWOCH

DONNERSTAG

FREITAG

SAMSTAG

SONNTAG

IDEEN UND GEDANKEN

Zeit zum REFLEKTIEREN

4

DANKBARKEIT

In der Zeit, als es mir mental nicht gut ging, fiel es mir sehr schwer, Dankbarkeit zu empfinden und Menschen oder Umstände in meinem Leben wertzuschätzen. Ich fühlte mich gefangen und vor allem überfordert. Es war teilweise so schlimm, dass ich mich dafür verurteilt habe, keine Dankbarkeit und Wertschätzung empfinden zu können, z. B. für offensichtliche Dinge wie unsere neue Wohnung oder berufliche Erfolge. Auf meiner „Mental Health"-Reise habe ich aber gelernt, wie wichtig es ist, dankbar zu sein und sich das immer wieder bewusst zu machen. Heute kann ich diese Dankbarkeit ganz deutlich vor mir sehen, weil ich sie in meinen Alltag integriert habe und ganz bewusst fühle.

Wieso Dankbarkeit so wichtig ist

Gerade in unserem Alltag sind wir oft in unseren Routinen und monotonen Abläufen gefangen und funktionieren auf Autopilot. Dieser Umstand lässt kaum Raum, sich bewusst mit dem Thema Dankbarkeit auseinanderzusetzen – im Gegenteil. Es kann leicht passieren, dass wir uns im Strudel eines stressig empfundenen Tages nur den negativen Aspekten hingeben. Unser Gehirn ist dadurch permanent auf Negativität und Alarmbereitschaft programmiert. Dabei haben Forscher herausgefunden, dass Dankbarkeit der größte Schlüssel zum eigenen Glück ist und positive Auswirkungen auf unsere Gesundheit hat. Dankbare Menschen sind optimistischer, motivierter und haben einen aufmerksamen Blick für schöne Erlebnisse. Das schüttet Glückshormone aus und lässt uns entspannter werden. Dankbarkeit hat also einen enormen Effekt auf unser gesamtes Leben! Noch dazu erfordert es wenig Aufwand und es kostet nichts. Positivität und ein Bewusstsein für die eigene Dankbarkeit ins Leben zu integrieren und diese zu festigen, ist ein stetiger Prozess. Dabei kann es dir helfen, einer Dankbarkeitsroutine in deinem Alltag einen festen Platz zu geben.

Woche:

MONTAG

DIENSTAG

MITTWOCH

DONNERSTAG

DEINE WOCHENAUFGABE

Schreibe diese Woche jeden Tag drei Dinge auf, für die du dankbar bist.
Überlege dir dabei ganz bewusst an jedem Tag drei neue Aspekte.

Das können Kleinigkeiten sein, die du als selbstverständlich ansiehst –
z. B. ein Dach über dem Kopf zu haben oder laufen zu können.

Zeit zum REFLEKTIEREN

Right now
the only thing
that matters is
RIGHT NOW.

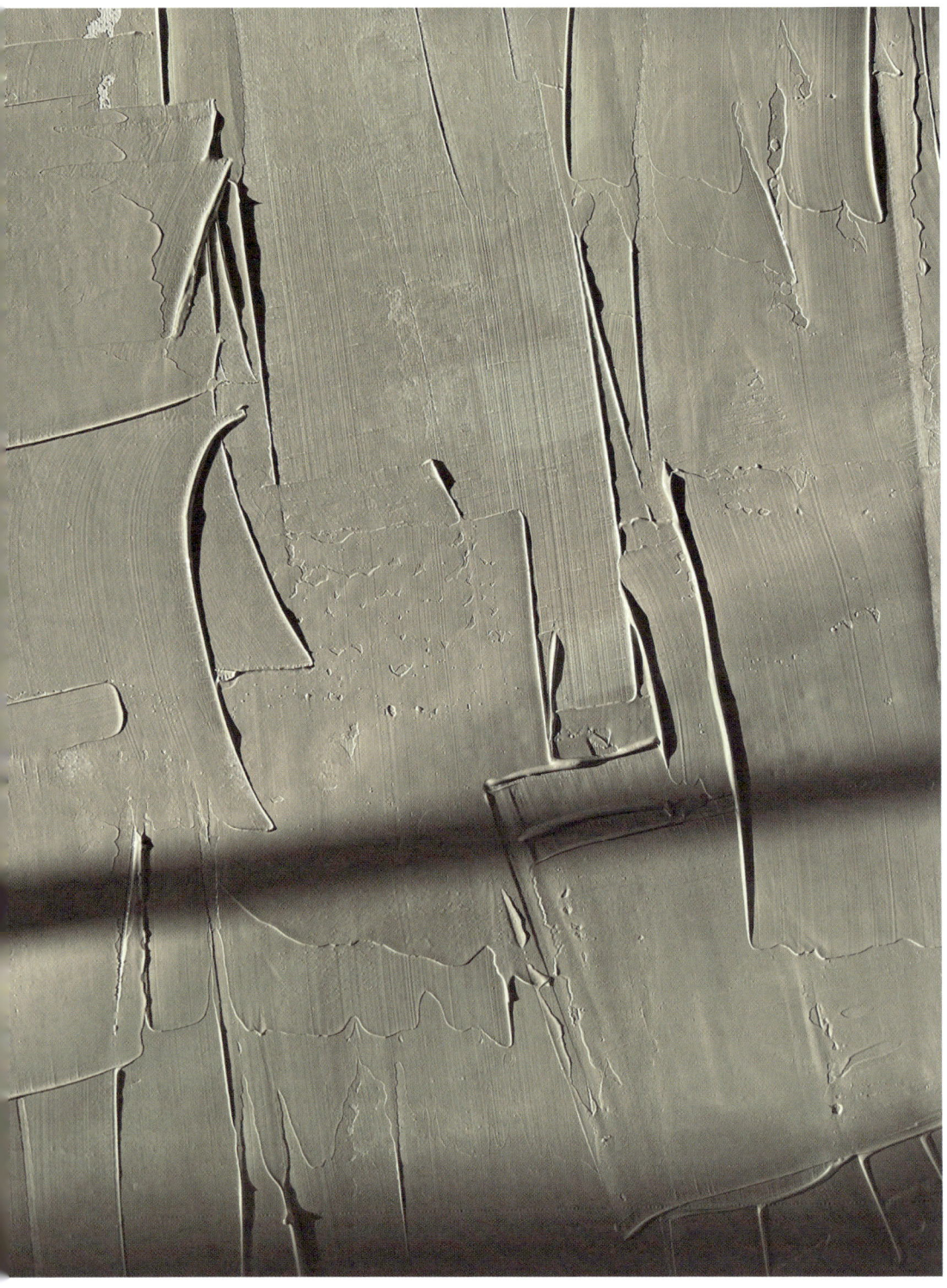

5

ACHTSAMKEIT

Achtsamkeit bedeutet, in dich hineinzuhorchen, alle Stimmen in dir wahrzunehmen, diese zu reflektieren und negativen Gedanken entgegenzuwirken. Dieses „Hineinhören" sollte fester Bestandteil deines Alltags werden, um deine Achtsamkeit zu schulen und nach ihr agieren zu können. Das Thema Achtsamkeit begegnet uns inzwischen überall. Die ersten Berührungen mit dem Thema Achtsamkeit machte ich beim Yoga und dem damit verbundenen Meditieren. Nach einiger Zeit passierte es ganz automatisch und ich bemerkte, wie viel es mir in meinem Leben bringt. Deswegen setzte ich mich mit dem Thema mehr und mehr auseinander. Achtsamkeit ist einer der wichtigsten Punkte für unsere mentale Gesundheit und wird oft unterschätzt.

ACHTSAMKEIT HAT AUF MICH POSITIVE AUSWIRKUNGEN:

- Weniger Stress im Alltag
- Verbesserung der körperlichen Gesundheit
- Verbesserung der mentalen Gesundheit

Um achtsamer im Umgang mit dir, deinen Gedanken und Gefühlen zu werden, ist es wichtig, dass du dich in Gelassenheit und im Loslassen übst. Auch das ist ein Prozess und passiert nicht von heute auf morgen. Ich habe es Schritt für Schritt geschafft, die Erwartungen anderer und an mich selbst loszulassen und liebevoll mit mir umzugehen. Als Perfektionistin stehe ich vor der Herausforderung, meinen hohen Anspruch an mich selbst zu erfüllen, der mein Stresslevel immer wieder in die Höhe treibt. Das hat sich auch im Umgang mit anderen Menschen gezeigt. Als ich erkannt habe, dass niemand perfekt ist – und das auch gut so ist –, konnte ich mein Leben gelassener führen und mich dem Thema Achtsamkeit hingeben.

Achtsamkeitsübungen

1. Werde bewusst wach.

Was ist dein erster Gedanke nach dem Aufwachen? Das bevorstehende
stressige Meeting oder die Dankbarkeit darüber, dass du gesund
und am Leben bist?

2. Empfinde Gefühle ganz bewusst und reflektiere sie.

Wenn du z. B. Wut empfindest, frage dich, warum das so ist.
Was macht dich gerade so wütend? Woher kennst du dieses Gefühl und
wann hast du es zum ersten Mal gespürt?

3. Erlebe Essen und Trinken mit allen Sinnen.

Gerade auch diese alltäglichen Momente sind sehr gut geeignet,
um dich in Achtsamkeit zu üben.

4. Visualisiere Empfindungen in deinen Gedanken.

Wenn du z. B. unter der Dusche stehst, stelle dir vor, wie du deinen Stress
abwäschst und dieser an dir herunterfließt. Danach stellst du dir vor, wie du
deine Energie mit dem frischen Wasser, das auf dich herabprasselt,
wieder auflädst. Diese Übung trägt zur inneren Entspannung bei.

5. Gehe spazieren und nimm die Natur mit allen Sinnen wahr.

Wie fühlen sich die Sonne oder die Regentropfen auf deinem Gesicht an?
Was bewirkt es in dir und deinem Körper? Beobachte deine Umgebung und
entdecke auf alltäglichen Strecken jedes Mal etwas Neues!

6. Lausche deiner inneren Stimme.

Was sagen deine Gedanken zu dir? Sprichst du mit dir selbst wie
zu einer guten Freundin oder einem guten Freund?

Langfristige ERFOLGE

Achtsamkeitsübungen helfen dir, innere Ruhe zu erlangen,
mehr Gelassenheit zu verspüren und weniger Stress zu empfinden. Kontinuität
ist wichtig, um Achtsamkeit zu erlernen. Nur so kannst du sie langfristig in deinen
Alltag integrieren und eine Routine entstehen lassen. Die Erfolge wirst du nach
und nach wahrnehmen. Irgendwann manifestiert sich dein neues Mindset
und wird Bestandteil deines Lebens.

DEINE WOCHENAUFGABE

Setze dich bewusst mit automatisierten Abläufen in deinem Alltag
auseinander und finde heraus, wie du sie achtsamer gestalten kannst.
Schreibe dir zunächst auf, welche Routinen du hast und was du immer wieder erlebst. Diese Liste könnte folgendermaßen aussehen:

- Aufstehen am Morgen
- Zähneputzen vor dem Spiegel
- Duschen am Morgen oder am Abend
- Eine deiner Mahlzeiten
- Der Weg zur Arbeit
- Einkaufen gehen
- Spaziergang im Park oder Wald
- Umarmung mit einem dir nahestehenden Menschen

Frage dich als Nächstes, wie du diese Abläufe bewusster
und achtsamer erleben könntest. Einige Beispiele findest du bei den
Achtsamkeitsübungen links. Trage dir in der Wochenübersicht ein,
welche Abläufe du wann bewusst erleben möchtest.

Woche:

MONTAG

DIENSTAG

MITTWOCH

DONNERSTAG

FREITAG

SAMSTAG

SONNTAG

IDEEN UND GEDANKEN

Zeit zum REFLEKTIEREN

6

MEDITATION

Ich kann mir vorstellen, dass viele beim Thema Meditation denken, dass das nichts für sie sei. „Ich kann nicht still sitzen. – Ich bin zu hibbelig. – Ich kann meine Gedanken nicht ausschalten." – Ich kann dich beruhigen, das musst du auch nicht! Und ja, ich habe vor meiner Selfcare-Reise sehr ähnlich über dieses Thema gedacht und kann dir versichern, dass diese Sätze nur Vorurteile und Missverständnisse sind. Meditationen begleiten mich jetzt schon seit einigen Jahren in meinem Alltag und haben einen großen Stellenwert eingenommen. Sie haben mich gerettet, als es ganz dunkel in mir aussah. Sie waren da, als ich dachte, dass ich aus der Depressionsspirale nicht mehr rauskommen würde. Und sie haben mir sehr geholfen, meine Panikattacken in den Griff zu bekommen. Das sind natürlich sehr extreme und persönliche Beispiele, aber auch wenn ich – Meditation & Co. sei Dank – nicht mehr an Depressionen und Angstzuständen leide, so helfen sie mir heute immer noch dabei, meine Gedanken zu sortieren und entspannter zu sein. Im letzten Kapitel haben wir viel über *Achtsamkeit* gelernt und Meditationen sind zugleich großer Bestandteil und Hilfsmittel, diese zu lernen und zu praktizieren.

Meiner Meinung nach kann Meditation das Leben verändern. Mit dieser Einstellung bin ich nicht allein. Nicht ohne Grund ist das Thema in den letzten Jahren fast ein Trend geworden und es gibt viele Menschen, die darauf schwören. Meditation ist ein Werkzeug, um dein Gehirn und deinen Geist zu trainieren, dich zu entschleunigen und so zu lernen, bewusster zu reagieren und zu agieren. Sie soll zur körperlichen und mentalen Gesundheit beitragen und uns glücklicher, netter und ausgeglichener machen. Das Beste an der Meditation ist aber, dass sie nicht viel Zeit in Anspruch nimmt und auch nichts kosten muss. 10–20 Minuten am Tag in dich investieren und dein Leben damit verändern – klingt doch sehr stark, oder? Und machbar! Versprochen, ich habe es für dich ausprobiert. Der Haken ist nur, dass die positiven Effekte erst nach einer gewissen Zeit eintreten. Wenn du es schaffst, dich aufs Meditieren einzulassen, und es in deine täglichen Routinen einzubauen, kannst du erleben und erreichen, was ich fühlen durfte.

MEDITIEREN für Anfänger

Du bist grundsätzlich nicht spirituell? Kein Problem! Ich bin
es auch nicht und es ist keine Grundvoraussetzung.

Einfach machen! Gib dem Meditieren zwei Wochen die Möglichkeit,
dich zu überzeugen, und probiere es einfach mal aus.

Schon 10 Minuten pro Tag können ausreichen. Wenn du richtig
skeptisch bist, stelle deinen Timer auf 3 Minuten. Das sind Zeiteinheiten,
die wir alle jeden Tag entbehren können.

Stelle keine großen Erwartungen an dich und die Meditation –
lasse es einfach auf dich zukommen!

**Fange mit ganz einfachen, geführten Meditationen
und Übungen an.**

Nichts denken? Lerne deinen Geist kennen und du wirst merken,
dass er bzw. deine Gedanken sehr wohl da sein dürfen. Es ist ein Mythos,
beim Meditieren nichts denken zu dürfen.

Du hast Angst davor, die Kontrolle zu verlieren? Meiner
Erfahrung nach kann das nicht passieren – im Gegenteil! Nach und nach
kannst du eine ganz andere Art der Kontrolle über dein Leben bzw.
deine Gedanken erlangen.

Sei geduldig und liebevoll. Vermeide es, dich zu verurteilen
oder zu kritisieren – für bestimmte Gedanken oder wenn dir
das Meditieren anfangs schwerfällt.

Du kannst nichts falsch machen!

Arten von Meditationen

Wenn du bisher noch nicht meditiert hast, empfehle ich dir, **geführte Meditationen** zu probieren. Dabei nimmst du meist eine bequeme Sitzposition ein, schließt die Augen und folgst der Stimme einer Person, die dir die gesamte Übung sagt, was du fühlen, denken und machen kannst. Dabei geht es z. B. darum, deinen Körper und deine Atmung wahrzunehmen, deine Gedanken ziehen zu lassen oder auf eine Traumreise zu gehen. Durch geführte Meditationen kannst du die Grundlagen und Techniken erlernen und herausfinden, was dich am meisten anspricht. Hast du dich damit auseinandergesetzt, kannst du dich auch in freien Meditationen üben. Der Begriff sagt es schon: Bei einer **freien Meditation** bist du selbst die Person, die sich vornimmt, worüber, wie und wie lange sie meditieren möchte – ganz ohne Hilfsmittel.

Ich meditiere bis heute gerne geführt, weil es mir viel leichter fällt. Es kostet mich nur eine kurze Überwindung, eine Meditation zu starten, und danach lasse ich mich die nächsten 10–20 Minuten darauf ein.

Meditationen werden als Kurse angeboten, aber auch digital als Videos oder Audiodateien, z. B. auf YouTube, Spotify oder in diversen Apps wie Headspace. Diese bieten auch Meditationen zu verschiedenen Lebenslagen und Alltagssituationen an.

DEINE WOCHENAUFGABE

Nimm dir für die kommenden Tage vor, täglich mindestens 10 Minuten zu meditieren. Suche dir Meditationen raus, die dich ansprechen oder die du gerade in der Situation brauchst.

Woche:

MONTAG

DIENSTAG

MITTWOCH

DONNERSTAG

FREITAG

SAMSTAG

SONNTAG

IDEEN UND GEDANKEN

Zeit zum REFLEKTIEREN

Inhale

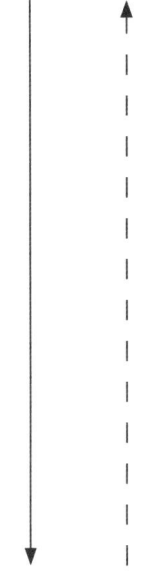

Exhale

7

YOGA

Im Jahr 2018 war ich an meinem Tiefpunkt angelangt: Mir ging es mental nicht gut und mein Körper schlug Alarm. Die Psychosomatik zeigte sich durch Verdauungsprobleme, Rückenschmerzen und vieles mehr. Ich entdeckte durch Zufall ein Yoga-Studio in meiner Nähe, vereinbarte einen Probetermin und diese wundervolle Praxis trat in mein Leben. Es versprach mir mentale und körperliche Ausgeglichenheit, also gab ich dem Ganzen eine Chance. Davor war ich der Überzeugung gewesen, dass Yoga nichts für mich sei. Ich glaubte, dass Yoga etwas sei, das meinen Körper nicht fordern würde und ich eine Sportart bräuchte, bei der ich mich auspowern und meine Leistung steigern könnte. Ich wurde komplett vom Gegenteil überzeugt und möchte euch ermutigen, es auch einmal auszuprobieren!

Obwohl es mir in dieser Zeit so schlecht ging, habe ich mich nach jeder Yoga-Stunde viel frischer und vitaler gefühlt – danach ging es mir immer einfach richtig gut. Ich lernte, wie ich meinen Körper und Geist in Einklang bringen kann und wie wichtig Achtsamkeit, Meditationen und Affirmationen für meine Heilung sind. Ich wurde in den Übungen schnell besser und hatte großen Spaß bei der Sache. Mit meiner Yogalehrerin war ich total auf einer Wellenlänge, ich konnte mich bei ihr richtig fallen lassen und besuchte ihr Studio zweimal die Woche.

Ich bezeichne Yoga nicht nur als eine Sportart, sondern als eine Praxis bzw. einen Lebensstil. Sport ist definitiv ein Teil von Yoga, aber es ist so viel mehr als das. Yoga kann u. a. gezielte Atmung, Meditation und das Singen von Mantras umfassen. Jeder Mensch kann für sich entscheiden, welche Teile des Yogas er gerne in den Alltag integriert und welche nicht.

Meine LIEBSTEN YOGA-POSEN

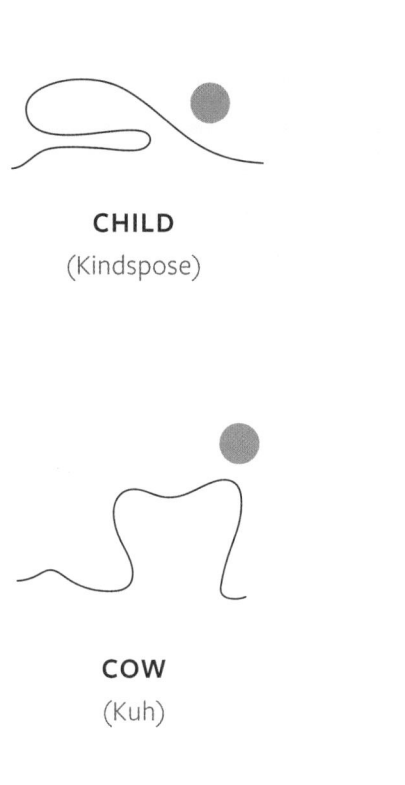

CHILD

(Kindspose)

CAT

(Katze)

COW

(Kuh)

DOWNWARD FACING DOG

(Herabschauender Hund)

WARRIOR TWO

(Krieger II)

LOTUS

(Lotus)

VORTEILE von Yoga

Yoga wird schon seit Jahrhunderten praktiziert. Es bedeutet Vereinigung oder Integration von Körper und Geist. Die Praxis zielt also in erster Linie auf die mentale Gesundheit ab, aber einige Yoga-Stile können körperlich durchaus sehr anstrengend sein. Vielfältige Stile haben sich im Laufe der Zeit entwickelt und unterscheiden sich in der Intensität und den Abläufen voneinander. Manche von ihnen laufen sehr ruhig ab und fokussieren sich auf das Dehnen der Muskeln – andere wiederum können sehr anstrengend und schweißtreibend sein.

Wenn du noch keine Berührung mit Yoga hattest, solltest du ein Studio besuchen, um dort von einer Person mit qualifizierter Ausbildung zu lernen, wie du Yoga richtig praktizierst. Es gibt zwar Anleitungen und Tutorials im Internet, doch eine falsche Ausführung kann dir schaden. Erarbeite die Übungen und Körperpositionen besser gemeinsam mit einer lehrenden Person. Der Vibe und die Gruppendynamik in einem Yoga-Studio sind wundervoll – das musst du mal gefühlt haben!

Wirkung auf mentaler Ebene	Wirkung auf körperlicher Ebene
• Fördert die Konzentration	• Fördert die Durchblutung
• Wirkt ausgleichend	• Kräftigt und lockert die Muskeln
• Baut Stress ab	• Fördert die Beweglichkeit
• Kann Ängste lindern	• Bringt das Herz-Kreislauf-System in Schwung
• Verbessert die innere Haltung	• Beruhigt das Nervensystem
• Stärkt den Fokus	

DEINE WOCHENAUFGABE

Suche dir in deiner Nähe ein Yogastudio heraus, das dich anspricht. Manche Studios bieten ein kostenfreies Probetraining an. Mache dir einen Termin, schreibe ihn in deinen Kalender und notiere dir, was die Yoga-Stunde mit dir gemacht hat. Wie hast du dich davor, dabei und danach gefühlt?

Woche:

MONTAG

DIENSTAG

MITTWOCH

DONNERSTAG

FREITAG

SAMSTAG

SONNTAG

IDEEN UND GEDANKEN

Zeit zum REFLEKTIEREN

8

MORGENROUTINE

Wir hören und lesen nicht ohne Grund überall: Routinen sind wichtig!
Sie helfen mir sehr dabei, stressfreier durch den Alltag zu kommen. Routinen sind
wiederkehrende Handlungsabläufe, die meistens automatisch ablaufen –
ohne dass du viel darüber nachdenken müsstest. Jeder von uns hat in irgendeiner
Art und Weise Abläufe, die sich jeden Tag wiederholen. Die Frage ist nur,
welche das sind und ob sie dich bei deinen Zielen unterstützen
oder eher davon abhalten?

Um neue Gewohnheiten in deinen Alltag zu integrieren, musst du sie
ca. 21 Tage in Folge wiederholen. Dabei verknüpfen sich in deinem Gehirn
Synapsen miteinander und bahnen sich – bildlich gesprochen – einen Weg.
Je öfter du diesen Weg gehst (also, je öfter du die Gewohnheit durchführst),
desto mehr wird er ausgebaut, bis er irgendwann zu einer breiten Autobahn wird,
auf der du ohne viel Nachdenken fahren kannst.

In deinem Alltag gibt es verschiedene Situationen, in denen du eine neue
Routine etablieren kannst. Mir liegen vor allem meine Morgen- und Abendroutine
am Herzen. Aber eins nach dem anderen: Diese Woche konzentrieren
wir uns erstmal nur auf die Morgenroutine.

TIPPS für deine neue Morgenroutine

Statt den **Schlummer-Modus** zu verwenden, stehe direkt beim ersten Weckerklingeln auf.

Sorge dafür, dass du die ersten Minuten des Tages **keine Ablenkung** hast.

Nimm **dein Handy** erst nach einer gewissen Zeit in die Hand, z. B. nach deiner ersten Tasse Kaffee.

Über Nacht verliert der Körper Wasser, deswegen ist es sinnvoll, nach dem Aufstehen **ein großes Glas Wasser** mit etwas Zitronensaft zu trinken.

Plane dir bewusst **Zeit für ein Frühstück** ein und genieße jeden Bissen.

Nutze die ersten Minuten des Tages für dich!
Um innerlichem Stress vorzubeugen, hilft es mir, Podcasts, Hörbücher oder ruhige Musik zu hören.

Gib deinem Tag ein Motto, z. B. „Heute bin ich freundlich zu allen Menschen und lächle, so viel ich kann." oder „Heute bin ich ganz bei mir.".

Eine Morgenroutine kann für mich den Unterschied zwischen einem gut und einem weniger gut verlaufenden Tag ausmachen, denn sie gibt mir die Energie, die ich in meinem Alltag benötige. Um das zu veranschaulichen, stelle ich mir vor, ich würde Perlen an meinem Schlüssel mit mir tragen. Diese Perlen stehen für die Energie, die ich für meinen ganzen Tag benötige. Meine Morgen- und Abendroutine tragen dazu bei, dass ich viel mehr Perlen für den Tag generiere, statt diese durch vermeidbaren Stress am Morgen zu verlieren.

Eine ausführliche Morgenroutine mit Meditation und Yoga ist bei mir, ehrlich gesagt, meistens nicht möglich. Mit Hund, zwei Firmen, dem Haushalt und in Zukunft meinem Kind habe ich einfach nicht die Zeit dazu. Und doch schaffe ich mir mit nur wenig Aufwand und Hilfsmitteln morgens eine gute Grundlage für meinen Tag.

Wieviel Zeit du investieren möchtest, hängt ganz allein von dir, deinen Bedürfnissen und deiner Zeit ab. Frage dich jeden Morgen, was dein Körper benötigt, um genug „Energieperlen" für den Tag zu haben.

DEINE WOCHENAUFGABE

Schreibe dir auf, wie deine perfekte Morgenroutine aussehen würde.

Nimm dir zwei Dinge von der Liste auf der linken Seite und setze sie in der kommenden Woche jeden Tag um. Bleibe auch danach dran und erweitere deine Morgenroutine mit den anderen Punkten von deiner Liste!

Woche:

MONTAG

DIENSTAG

MITTWOCH

DONNERSTAG

FREITAG

SAMSTAG

SONNTAG

IDEEN UND GEDANKEN

Zeit zum REFLEKTIEREN

Just because you're
not there yet,

DOESN'T MEAN
YOU NEVER WILL BE.

9

ABENDROUTINE

Im letzten Kapitel sind wir die *Morgenroutine* angegangen. Genauso wichtig wie diese ist für mich auch meine Abendroutine. Dabei geht es nicht nur um die Abläufe, kurz bevor ich ins Bett gehe. Eine effektive Abendroutine fängt früher an, als wir denken. Dein Körper braucht einige Stunden Zeit, um herunterzufahren und die Erlebnisse des Tages zu verarbeiten und ruhen zu lassen. Nur so können dein Körper und dein Geist sich auf einen erholsamen Schlaf konzentrieren und regenerieren.

Ich empfehle dir die Aufteilung der Abendroutine in zwei Teile. Im ersten geht es darum, deinen Körper und Geist auf die Routine vorzubereiten. Dieser erste Teil beginnt ca. zwei Stunden, bevor du ins Bett gehst. Welche Dinge möchtest du in dieser Zeit regelmäßig umsetzen? Bestandteile meiner Vorbereitung sind z. B., dass ich mein Handy weglege und mir etwas koche. Währenddessen höre ich mir einen Podcast oder ein Hörbuch an.

Der zweite Teil der Abendroutine beschäftigt sich mit den Dingen, die ich kurz vor dem Schlafengehen mache. Ich versuche, alltägliche Dinge wie Zähne- putzen oder Abschminken als eine Art „Mini-Me-Time" zu gestalten. Ich nehme mir für alles ausreichend Zeit, höre dabei schöne Musik, creme mich bewusst ein und genieße meine Skincare-Routine. Das Wichtigste und wohl Schwerste (nur zu Beginn, versprochen) kommt danach: Verbanne dein Handy aus dem Schlafzimmer! Wie du sicherlich schon gehört hast, verhindern das Blaulicht und das Konsumieren von Inhalten auf dem Handy, dass das Gehirn das Schlafhormon Melatonin bildet und der Körper zur Ruhe kommt. Außerdem lassen wir uns schnell vom Handy ablenken und schlafen dadurch später ein, als wir eigentlich wollen. Ich weiß, dass die Versuchung sehr groß ist, aber es macht wirklich einen riesigen Unter- schied! Dein Handy kannst du in einem anderen Raum aufladen. Zum Wecken empfehle ich dir einen analogen oder digitalen Wecker neben dem Bett.

IDEEN für deine Abendroutine

Lies ein paar Seiten in einem Buch

Plane deinen nächsten Tag

Reflektiere deinen Tag und lasse ihn hinter dir

Schalte dein Handy aus oder lege es außer Reichweite

Trinke einen Tee

Meditiere

Mache Yoga

Höre entspannende Musik oder ein Hörbuch

Pflege deinen Körper

Räume deine Wohnung auf

Lege deine Klamotten für den nächsten Tag zurecht

Deine ABENDROUTINE

Was tust du aktuell kurz vor dem Schlafengehen?

_____

_____

Konsumierst du digitale Medien vor dem Schlafengehen?

☐ Ja   ☐ Nein   ☐ Ab und zu

Wie viel Zeit kannst du dir für deine neue Abendroutine einplanen?

_____

_____

**Welche Ideen möchtest du für
deine neue Abendroutine übernehmen?**

_____

_____

DEINE WOCHENAUFGABE

Schreibe dir auf, wie deine perfekte Abendroutine aussehen könnte.
Nimm dir dann zwei bis drei Aspekte davon heraus und setze sie in den
nächsten Tagen um. Komme in ein paar Wochen auf dieses Kapitel zurück
und übernimm noch weitere Schritte in deine vorhandene Abendroutine!

Woche:

MONTAG

DIENSTAG

MITTWOCH

DONNERSTAG

FREITAG

SAMSTAG

SONNTAG

IDEEN UND GEDANKEN

Zeit zum *REFLEKTIEREN*

ZEIGEFINGER
Ziele: Wie bin ich
meinen Zielen
nähergekommen?

MITTELFINGER
Mentalität: So habe
ich mich gefühlt.

DAUMEN
Denken: Das habe
ich dazugelernt.

RINGFINGER
Ratgeber: Damit
habe ich anderen
geholfen.

KLEINER FINGER
Körper: Das habe
ich für mich getan.

Die HANDFORMEL

10

SELBSTREFLEXION

Das Thema Selbstreflexion ist vermutlich einer der schwierigsten
und unangenehmsten Abschnitte dieses Workbooks. Allerdings ist es wohl das wichtigste
Thema auf unserer Reise, denn ohne eine Selbstreflexion ist kein innerer Wandel möglich.
Dieser Wandel kann nur dann passieren, wenn wir uns schonungslos ehrlich mit
unserem Inneren auseinandersetzen und uns selbst den Spiegel vorhalten.

Was ist Selbstreflexion?

Reflektieren bedeutet, über etwas nachzudenken und es von allen Seiten zu beleuchten.
Selbstreflexion bedeutet also, über sich selbst nachzudenken und sich mit dem eigenen
Innenleben zu beschäftigen. Wir bezeichnen eine Person als „reflektiert", wenn sie fähig ist,
über sich selbst und ihre Handlungen nachzudenken. Dabei ist es wichtig, sich ganzheitlich
zu betrachten – mit allen Gedanken, Emotionen, dem eigenen Auftreten und Handeln.
Das Ziel der Selbstreflexion ist es, das eigene Handeln zu hinterfragen, Denkmuster zu
beleuchten und Herangehensweisen zu analysieren, um im nächsten Schritt daran
zu arbeiten und mit sich ins Reine zu kommen. Selbstreflexion führt so
zu einem ausgeglicheneren Leben.

Die ersten Schritte auf dem Weg zur Selbstreflexion fallen meistens schwer,
weil es uns gelingen muss, hinter unsere eigene Fassade zu schauen. Der Schutzmechanis-
mus unseres Unterbewusstseins sorgt in der Regel dafür, dass wir uns unseren negativen
Gedanken und Gefühlen nicht bewusst werden. Um diesen Mechanismus aufzubrechen,
brauchen wir Zeit, viel Energie, regelmäßige Übung und manchmal auch externe Hilfe.
Selbstreflexion ist keine Unterrichtseinheit, kein Kurs und keine kurze Sache.
Es ist ein permanenter Lern- und Erfahrungsprozess.

ANLEITUNG für mehr Selbstreflexion

1. Lerne dich selbst besser kennen!

Lege ein Journal oder Notizbuch an und schreibe dir auf, welche Situationen
oder Verhaltensweisen des Tages dich unzufrieden gemacht haben
und woran du gerne arbeiten würdest.

2. Nimm dir bewusst Zeit für die Selbstreflexion und stelle sicher, dass du ausgeglichen bist.

Wenn wir im Stress sind, reagiert unser Gehirn anders, als wenn wir
entspannt sind. Für mehr Entspannung schau mal auf S. 63 (*Yoga*),
S. 55 (*Meditation*) oder S. 47 (*Achtsamkeit*) vorbei. Es ist viel sinnvoller,
die Selbstreflexion in eine bestehende Routine einzubauen,
z. B. in die *Morgen- oder Abendroutine* (S. 71–81).

3. Betrachte nun eine Situation oder Verhaltensweise genauer und spiele sie vor deinem inneren Auge noch einmal ab.

Am besten tust du das mit etwas zeitlichem Abstand vom Ereignis.
Beantworte dir folgende Fragen und schreibe sie auf: Was genau ist passiert?
Wie hast du dich dabei gefühlt? Was hast du gedacht und was gemacht?
Wer oder was war involviert? Welche Erwartungen hattest du und warum?

4. Halte fest, was du über dich gelernt hast.

Denn das Ziel der Selbstreflexion ist, dass du mehr über dich weißt als vorher.
Wie sollte ein ähnliches Ereignis in Zukunft für dich ablaufen? Was würdest
du beim nächsten Mal anders machen? Vielleicht konntest du feststellen,
dass es nicht sinnvoll ist, dein Gegenüber verändern zu wollen, sondern
du auch deinen Teil der Verantwortung tragen musst?

MEIN WEG zu mehr Selbstreflexion

Die ersten Schritte auf dem Weg zu einer gesunden Selbstreflexion
bin ich gemeinsam mit meiner Therapeutin gegangen. Ich bin ehrlich: Dieser
Prozess ist knallhart, unangenehm und kann gerade zu Beginn sehr wehtun.
Die Mühen lohnen sich aber: Sie sind unverzichtbar für die innere Heilung
und mit der Zeit wird es leichter.

Neben meiner Therapeutin haben mir mein Mann, meine Freund*innen
und meine Familie dabei geholfen, mir einen Spiegel vorzuhalten. Denn sie kennen
mich von allen Menschen am besten und haben ans Tageslicht gebracht,
welche festgefahrenen Muster und Mechanismen sie an mir festgestellt haben.
Damit hatte ich viele Ansatzpunkte, mit denen ich gut weiterarbeiten konnte.

Es braucht Mut, in ein so offenes Gespräch zu gehen. Wir sollten dafür bereit sein,
diese teils unbequemen Wahrheiten zuzulassen, und sicherstellen, dass wir das
Feedback der nahestehenden Personen richtig einordnen und nichts
davon persönlich nehmen.

DEINE WOCHENAUFGABE

Reflektiere in den nächsten Tagen eine Situation, die dich heute
immer noch beschäftigt. Stelle dir die Fragen von Punkt 3 auf der
linken Seite und halte sie schriftlich fest.

Durch diese Aufgabe bekommst du ein Gefühl dafür, wie deine
zukünftige Selbstreflexion aussehen kann.

Woche:

MONTAG

DIENSTAG

MITTWOCH

DONNERSTAG

FREITAG

SAMSTAG

SONNTAG

IDEEN UND GEDANKEN

Zeit zum REFLEKTIEREN

You're a
LIMITED
EDITION.

Ask for help!

Schneide die Kästchen unten aus und verteile die Zettel
an deine Liebsten. Erzähl ihnen, dass du gerade dabei bist, mehr über dich selbst
herauszufinden, und du dich freust, ihr Feedback zu der jeweiligen Frage
zu bekommen.

Was möchtest du mir als mein Herzensmensch sagen?

Welche Eigenschaften schätzt du an mir?

Was denkst du: In welchen Situationen bin ich zu hart mit mir selbst?

Welche Eigenschaften bringe ich in unsere Freundschaft ein?

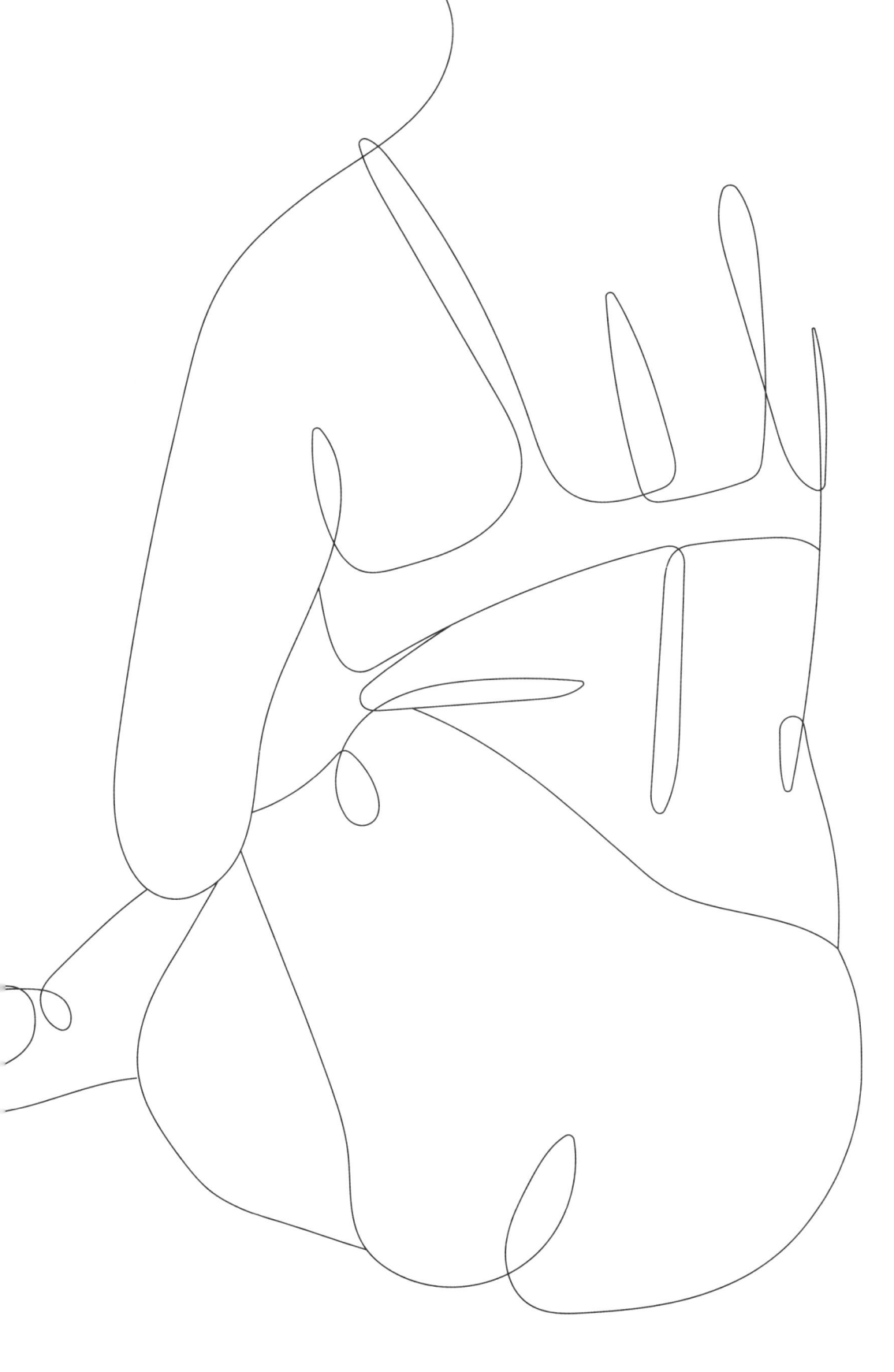

11

SELBSTAKZEPTANZ

In den letzten Jahren wurde das Thema der „Selbstliebe" sehr gehypt.
Rückwirkend betrachtet für meinen Weg möchte ich den Fokus lieber auf
„Selbstakzeptanz" legen. Selbstakzeptanz bedeutet, dich selbst so anzunehmen,
wie du bist – ungeachtet äußerer Einflüsse, die auf dich einprasseln.

Vor allem auf Social Media bekommen wir oft gesagt, dass wir uns
doch nur selbst lieben und uns schön und toll finden müssen, um glücklich zu
werden. Sich jeden Tag selbst zu lieben, scheint gerade am Anfang der Reise zu sich
selbst eine „Mission Impossible" zu sein. Das kann großen Druck erzeugen, wenn es
nicht auf Anhieb klappt, was wiederum Stress auslöst und im Großen und Ganzen
kontraproduktiv ist. Sich selbst okay zu finden, und jeden noch so kleinen Erfolg
zu feiern, ist im Vergleich zu Selbstliebe fast schon ein Kinderspiel.

Irgendwann habe ich das auch für mich herausgefunden.
Ich dachte früher oft, dass ich mich toll finden und meinen Körper feiern müsse.
Ich habe das mit der Selbstliebe mal besser, aber oft schlechter hinbekommen.
Also habe ich den Druck rausgenommen und beschlossen, dass ich mich einfach in
Ordnung finde – so wie ich bin. Dass ich auch schlechte Tage haben darf,
an denen ich mich oder äußere Umstände nicht mag. Diese Einstellung fiel mir
um einiges leichter! Ich wurde viel liebevoller mit mir selbst und mir fiel auf,
dass ich sehr streng mit mir bin, dass ich extrem hohe Anforderungen an mich
selbst stelle und nicht gut zu mir selbst spreche. Ich musste also lernen,
mir zu vergeben und nachsichtig und rücksichtsvoll mit mir zu sein.

Gedanken zum Thema SELBSTAKZEPTANZ

„So bin ich eben."
Diesen Satz streichen wir aus unserem Kopf, denn mit dieser
Einstellung werden wir uns niemals ändern können.

Positive Glaubenssätze ändern unser Selbstbild langfristig.
Auch vermeintlich „negative" Eigenschaften können wir umdrehen
und diese zu positiven Charakterzügen werden lassen. Hier kommt es
auf einen neuen Blickwinkel an – probiere es mal aus!

**Mache aus deinen Schwächen Stärken und glaube an
das Gute in dir!** „Ich bin total naiv!" wird zu „Ich glaube immer
an das Gute im Menschen!". „Ich bekomme das nie hin" wird zu
„Ich gebe stets mein Bestes und lerne aus meinen Fehlern."

**Du bist die Person, die bis zum Rest deines Lebens bei dir
sein wird.** Werde zu deiner besten Freundin: Urteile nicht so hart,
vergleiche dich nicht so viel und nimm dich so an, wie du bist!

**Selbstakzeptanz heißt auch, dass wir lernen, dass wir lernen,
unsere Gedanken, Gefühle und Wahrnehmung nach außen
ständig zu reflektieren.** Hier spielt auch wieder die *Achtsamkeit*
eine sehr große Rolle (siehe S. 47).

Der Weg zu MEHR SELBSTAKZEPTANZ

Frage dich doch einmal selbst, ob du mit dir genauso sprichst
wie zu deinen Liebsten um dich herum? Urteilst du genauso streng und
kritisch über sie, wie du es über dich tust? Die meisten von uns tun das vermutlich
nicht. Und genau an diesem Punkt kannst du ansetzen. Das Ziel von Selbstakzeptanz
ist es, dass du eine Freundschaft mit dir selbst aufbaust, anstatt dem großen
Konzept der Selbstliebe hinterherzujagen.

Sich selbst zu akzeptieren klappt mal besser und mal schlechter.
Ich hoffe, ich kann dir den Druck nehmen, indem ich dir sage, dass ich auch nicht
jeden Tag ‚Best Friends Forever' mit mir selbst bin. Doch ich bin viel achtsamer mit
mir geworden und habe gelernt, die Signale zu erkennen und handeln zu können,
wenn ich merke, dass ich zu streng mit mir als beste Freundin bin.

Indem du dich um deine mentale Gesundheit kümmerst, z. B. mit diesem
Workbook, kümmerst du dich aktiv um deine Selbstakzeptanz. Du bist dir wichtig
und nimmst dir Zeit für das Wichtigste im Leben: für dich selbst.
Ich bin stolz auf dich!

DEINE WOCHENAUFGABE

1. Finde diese Woche jeden Tag etwas,
womit du zufrieden bist, und schreibe es auf.

2. Nimm dir einen Abend Zeit und mache dir klar,
dass du geliebt wirst, so wie du bist.

3. Verteile die Zettel auf der Seite vor diesem Kapitel und klebe sie,
von deinen Liebsten ausgefüllt, in dieses Workbook. Lies sie dir immer
wieder durch, wenn du merkst, dass es dich gerade herausfordert,
dich selbst zu akzeptieren.

Woche:

MONTAG

DIENSTAG

MITTWOCH

DONNERSTAG

FREITAG

SAMSTAG

SONNTAG

IDEEN UND GEDANKEN

Zeit zum REFLEKTIEREN

12

Ein *SELBSTBESTIMMTES* LEBEN *führen*

Ganz viele von uns haben den Glaubenssatz, dass sie unbedingt von allen Menschen gemocht werden wollen. Dieser ist oftmals durch unsere Erziehung oder die Gesellschaft geprägt worden. Haben wir etwas gut gemacht, wurden wir gelobt. Dagegen wurden wir bestraft, wenn wir etwas nicht gut gemacht haben. Das System schlägt dann Alarm und wir bekommen Angst vor Ausgrenzung und Ablehnung. In den Anfängen der Menschheit mussten wir Teil einer Gruppe sein, um zu überleben, deshalb ist abweichendes Verhalten nicht gut gewesen. Doch wenn wir heute unser Verhalten darauf ausrichten, es allen recht machen zu wollen, und alles dafür tun, gemocht zu werden, richten wir unser Leben nach der Anerkennung und Erwartung anderer aus. Damit führen wir oft ein fremdbestimmtes und unerfülltes Leben. Dabei sollte jeder von uns aus eigenem Antrieb und Interesse heraus handeln.

Fühlst du dich oft beobachtet und fragst dich, was andere über dich denken? Hast du Angst, dass du etwas falsch gemacht hast, wenn sich eine befreundete Person länger nicht bei dir zurückmeldet? Überprüfe doch mal, ob das wirklich stimmt! Denn die Wahrheit ist: Die meisten Menschen sind viel zu sehr mit sich selbst beschäftigt und setzen sich gar nicht so mit dir auseinander, wie du das vielleicht vermutest. Oder verbringst du den ganzen Tag damit, über Menschen zu urteilen? Wir wenden so viel Energie dafür auf, uns Gedanken und Sorgen darüber zu machen, was das Gegenüber wohl gerade denken oder von uns halten könnte. Dabei haben wir es doch sowieso nicht in der Hand! Diese Energie sollten wir lieber in etwas stecken, das wir bestimmen können: in unsere Gedanken und Handlungen.

Meine Learnings für ein selbstbestimmtes Leben

Was andere über mich denken, geht mich nichts an.

Niemand denkt so viel über mich selbst nach, wie ich es tue.

Wie andere Menschen sich mir gegenüber verhalten,
sagt mehr über sie selbst aus als über mich.

Mich müssen nicht alle mögen –
schließlich mag ich auch nicht jeden Menschen!

Ich investiere meine Energie nicht darin, es allen
recht zu machen, sondern in mich selbst.

Ich konzentriere mich auf die Dinge, die ich in meinem Leben
selbst gestalten und bestimmen kann.

Ich möchte nicht alle Erwartungen von anderen erfüllen –
auch nicht die meiner Liebsten um mich herum.

Ich habe den Mut, von anderen nicht gemocht zu werden.

Ein wichtiger Punkt bei diesem Thema ist die Projektion. Projektion bedeutet, dass ich eine Vorstellung von etwas habe und automatisch davon ausgehe, dass mein Gegenüber das genauso sehen muss – ohne es vorher jemals besprochen zu haben. Wenn eine Person noch dazu keinen gefestigten Selbstwert hat und bei sich viele vermeintliche Fehler sieht, könnte sie davon ausgehen, dass das Gegenüber diese Fehler auch sehen und sie dafür verurteilen wird! Dieser Gedanke führt zu noch mehr Kampf um Anerkennung und zur Angst, dass diese Fehler ja nicht auffliegen dürfen. Doch frage dich, ob das wirklich die Wahrheit ist. Sehen die Menschen um dich herum die gleichen Fehler, die du bei dir selbst siehst? Und selbst wenn es so wäre – was wäre so schlimm daran? Kannst du diese Eigenschaften liebevoll für dich annehmen und darüber stehen? Dann kann es dir egal sein, was dein Gegenüber von dir denkt und hält.

Mache dir klar, dass auch andersherum jeder deiner Herzensmenschen eigene Gedanken, Gefühle und Meinungen hat und deine Erwartungen nicht erfüllen muss. Versuche, dich nicht in ihr Leben einzumischen und ihnen den Freiraum zu geben, den du dir auch von ihnen wünschst! Du kannst nicht kontrollieren, wie sie sich verhalten werden oder was sie von dir denken. Deswegen brauchst du dir darüber auch keine Sorgen zu machen und solltest dich auf das konzentrieren, was in deiner Macht liegt.

DEINE WOCHENAUFGABE

Schreibe dir drei Dinge auf, die du in der letzten Zeit nur gemacht hast, weil andere das von dir erwartet haben. Am besten schließt du dafür deinen Job oder deine berufliche Haupttätigkeit aus. Konzentriere dich bewusst auf Freunde, Familie und die Gesellschaft.

Möchtest du einen Schritt weiter gehen? Dann notiere dir deine Antwort auf die Frage: Welche drei Dinge würdest du gerne tun, wenn es egal wäre, was andere dazu sagen? Das können auch Kleinigkeiten sein – Hauptsache, du änderst deine Perspektive.

Woche:

MONTAG

DIENSTAG

MITTWOCH

DONNERSTAG

FREITAG

SAMSTAG

SONNTAG

IDEEN UND GEDANKEN

Zeit zum REFLEKTIEREN

*Wenn
es deinen
INNEREN
FRIEDEN
kostet, dann
ist es
ZU TEUER!*

REMINDER

Du darfst es dir selbst recht machen.

Pausen sind produktiv.

Dich muss nicht jeder Mensch mögen.

Deine Gefühle und Bedürfnisse brauchst du nicht zu rechtfertigen.

Du kannst deine Meinung ändern.

Ein Nein an andere ist ein Ja an dich.

Du musst nicht sofort antworten.

Bleibe dir selbst treu.

Sage Verabredungen ab, die du nicht fühlst.

Nein heißt Nein.

Ein Gespräch darfst du jederzeit beenden.

Grenzen sind nicht gegen dein Gegenüber, sondern für dich.

13

GRENZEN *setzen*

Fällt es dir schwer, Nein zu sagen und Grenzen zu setzen? Auf unserer Reise zu uns selbst ist es wichtig, genau das zu lernen, um mit mehr Selbstfürsorge durchs Leben zu gehen.

Wenn du ein eher angepasster Mensch bist, der sehr viel Wert auf die Meinungen und die Anerkennung anderer legt, besteht die erste Herausforderung darin, dich davon freizumachen und dich auf dich selbst zu konzentrieren. Die Kapitel *Achtsamkeit* (S. 47), *Selbstreflexion, Selbstakzeptanz* und *Ein selbstbestimmtes Leben* führen (S. 87–107) bauen genau darauf auf. Erst, wenn du dir im Klaren darüber bist, was du selbst möchtest, was du gerade wirklich brauchst und dass du es nicht allen recht machen musst, kannst du Grenzen formulieren. Das erklärt auch, warum ein Ja einfacher ist als ein Nein.

Vielleicht geht es dir so wie mir: Im beruflichen Kontext fällt es mir viel leichter, Grenzen zu setzen und Anfragen abzulehnen. Im privaten Bereich schwingt immer noch das Bestreben mit, geliebt und anerkannt zu werden. Ich weiß also, dass es auch hier nicht einfach ist, den automatischen Zustimmungsmodus abzuschalten, doch wenn du dich regelmäßig damit auseinandersetzt, wird es irgendwann für dich komplett normal sein – und das ganz ohne schlechtes Gewissen. Versetze dich mal in die Rollen deiner Liebsten. Stelle dir vor, du würdest einen von ihnen um einen Gefallen bitten oder eine gemeinsame Aktivität vorschlagen und die Person würde Ja sagen, obwohl sie es eigentlich nicht möchte. Wie würdest du dich dabei fühlen? Ich hätte ein Problem damit, weil mir an dieser Stelle die Ehrlichkeit und Transparenz fehlen würde und ich nicht wissen könnte, woran ich bei dieser Person bin.

Grenzen setzen bedeutet nicht nur, Nein zu sagen, sondern auch Menschen in ihre Schranken zu weisen, die deine Grenzen und Bedürfnisse nicht respektieren. Damit machst du ihnen klar: „Mit mir nicht!"

Wenn du GRENZEN setzt ...

... sorgst du für dich.

... stärkst du dein Selbstwertgefühl.

... bist du wirklich DU und authentisch.

... strahlst du Kraft aus.

... kannst du dir Respekt verschaffen.

... sorgst du für eine realistische Erwartungshaltung
von anderen an dich.

... bekommen du und andere ein Gefühl von Sicherheit.

GRENZEN SETZEN BEDEUTET AUCH:

Ich entscheide, wann genug ist.

Niemand muss meiner Meinung sein.

Es ist okay, wenn andere sauer werden.

Ich darf meine Meinung und Grenze jederzeit ändern.

Es ist okay, Nein zu sagen – auch wenn mein Gegenüber
darauf nicht positiv reagiert.

Ich muss kein schlechtes Gewissen haben, weil ich
meine Bedürfnisse kommuniziere und mir selbst etwas wert bin.

Wenn du eine Anfrage bekommst, z. B. um einen Gefallen gebeten oder auf ein Event eingeladen wirst, frage dich, was ein Ja dich kosten wird und was ein Nein dir bringen kann. Oft bedeutet eine Zustimmung, dass du Zeit investieren und Aufwand in Kauf nehmen musst. Diese Ressourcen könnten dir an einer anderen Stelle fehlen. In diesem Fall bedeutet ein Nein zu anderen ein Ja zu dir selbst! Wenn es dir noch schwerfällt, Nein zu sagen, kann ich dir die folgenden Schritte ans Herz legen:

1. Verschaffe dir Zeit. Wir müssen nicht immer sofort eine Entscheidung treffen! Vielleicht nimmst du erstmal einen tiefen Atemzug oder sagst: „Ich denke darüber nach und melde mich später wieder."

2. Fühle in dich hinein und wäge ein Ja oder Nein für dich ab. Was möchtest du wirklich? Was hält dich davon ab, Nein zu sagen? Was kostet und bringt dir ein Ja oder ein Nein?

3. Kommuniziere ganz klar und bestenfalls ohne Rechtfertigung, Ausreden oder Notlügen. Du hast das Recht dazu, deine Wahrheit zu sprechen! Triff eine Entscheidung und kommuniziere sie so klar wie möglich.

Sprich mit deinen Herzensmenschen offen darüber, dass du an dir arbeiten möchtest und du in Zukunft klarer kommunizieren wirst. Wenn es Beziehungen zu guten Menschen sind, werden sie diese Entscheidung nicht böse oder persönlich nehmen und dich darin bestärken, deine Wahl selbstbestimmt zu treffen.

DEINE WOCHENAUFGABE

Nimm dir täglich vor, achtsam mit dir und deiner Umwelt zu sein.
Sobald du dich für ein Ja oder Nein entscheiden musst, gehe die oben genannten drei Schritte durch. Nimm dir fest vor, in der kommenden Woche mindestens zweimal Nein zu sagen. Das funktioniert zu Beginn vor allen Dingen mit Kleinigkeiten gut, bei denen nicht viel auf dem Spiel steht. Mit dieser Übung lernst du, dass dir nichts Schlimmes passieren kann und dadurch auch schöne Dinge entstehen können. Vergiss am Ende der Woche nicht, stolz auf dich zu sein!

Woche:

MONTAG

DIENSTAG

MITTWOCH

DONNERSTAG

FREITAG

SAMSTAG

SONNTAG

IDEEN UND GEDANKEN

Zeit zum REFLEKTIEREN

14

OVERTHINKING

Das Wichtigste zuerst: Gedanken sind keine Fakten! Dieser Satz ist so wichtig, dass ich ihn mir am liebsten auf den Unterarm tätowieren lassen würde, damit ich mich jeden Tag noch bewusster daran erinnern könnte: Gedanken sind keine Fakten und sie bilden nicht deine Realität ab!

Im Kern bezeichnet Overthinking einen inneren Prozess, bei dem Menschen sich in ihren Gedanken verlieren und im Kreis drehen. Dabei kommen sie oft zu keinem Entschluss und sind am Ende erschöpft von dem Prozess. Es ist zwar absolut normal und menschlich, sich Gedanken zu machen, wenn uns ein Thema beschäftigt. Wenn wir aber an den Punkt kommen, an dem das Grübeln zu einem quälenden Gedankenkarussell führt und unser Leben kontrolliert, kann sich dieser Zustand zu einem psychischen Krankheitsbild entwickeln. Dazu muss es nicht bei allen Menschen kommen, aber bei mir war es so. Es fing an mit permanentem Nachdenken, das sich zu Overthinking entwickelte, was wiederum zu schlimmen Sorgen führte. Daraus resultierten große Ängste, die in Panikattacken gipfelten – und schlussendlich wurde bei mir eine Depression diagnostiziert. Nach meiner Therapie habe ich verstanden, wie es bei mir dazu kommen konnte: Bei extremen Fällen von Overthinking kann das Gefühl entstehen, die Kontrolle zu verlieren.
Ich habe zwei Jahre gebraucht, um an meiner Denkweise und meinen Glaubenssätzen zu arbeiten und auch mal loszulassen, meinen Gedanken ein inneres Stoppschild zu zeigen und es an bestimmten Stellen gut sein zu lassen. Aber auch durch all die anderen Themen, die mich während meiner Reise beschäftigten, habe ich gelernt, mich nicht mehr so extrem in Gedanken zu verlieren. Heute fällt es mir sehr schwer, mich in die Situation zurückzuversetzen, als ich von Overthinking betroffen war – denn jetzt denke ich ganz anders. Ich neige trotzdem zu Sorgen, kann sie jedoch heute schneller erkennen und dann besser mit der Situation und meinen Gedanken umgehen.

OVERTHINKING eingrenzen

Vom Kopf auf das Papier: Gib deinen Gedanken Raum und schreibe sie auf. Stelle dir dabei vor, wie sie aus deinem Kopf fließen und wieder Platz machen für wertvollere Gedanken.

Verabrede dich mit deinen Gedanken: Baue das Gedankenmachen und Aufschreiben für eine Dauer von ca. 20 Minuten in deine tägliche Routine ein (siehe S. 71–81, *Morgen-/Abendroutine*).

Sei im Hier und Jetzt: Durch Achtsamkeitsübungen wirst du dir darüber bewusst, in welchen Situationen du vermehrt nachdenkst, und erkennst besser, was jetzt gerade ist – nicht gestern und auch nicht morgen (siehe S. 47, *Achtsamkeit*).

Gedanken ziehen lassen: Durch regelmäßiges Meditieren kommt dein Kopf schneller zur Ruhe und die Gedanken werden leiser (siehe S. 55, *Meditation*).

Entspannung im Alltag: Leichter Sport im Freien, Entspannungstechniken und Atemübungen können Anspannungen und damit lähmende Gedanken verhindern (siehe S. 63 und S. 181, *Yoga* und *Sport und Bewegung*).

Lasse dich inspirieren und lerne von anderen: Es gibt gute Bücher zu dem Thema, z. B. „Sorge dich nicht, lebe!" von Dale Carnegie.

Lenke dich ab: Sage deinen Gedanken innerlich „Stopp" und lenke deine Aufmerksamkeit auf etwas anderes.

Suche dir Hilfe: Wenn du unter starkem Grübeln leidest, empfehle ich dir, professionelle Hilfe zu suchen. Negative Gedanken zu verdrängen, wird auf Dauer nicht funktionieren.

So kannst du deine GEDANKEN ORDNEN

Welcher Gedanke belastet dich aktuell?

_____

Kannst du in diesem Moment etwas an der Situation ändern?

_____

Was ist das Schlimmste, was passieren kann?
(siehe auch *Umgang mit Sorgen und Ängsten*, S. 141)

_____

Was ist der kleinste Schritt, den du heute gehen kannst,
um eine Lösung dafür zu finden?

_____

Wer kann dich dabei unterstützen?

_____

DEINE WOCHENAUFGABE

Nimm dir Zeit, um jeden Tag einen Aspekt deiner Gedanken mit den
obenstehenden Fragen zu überprüfen. Beobachte außerdem, in welchen
Situationen du in welchem Ausmaß in starkes Grübeln gerätst.

Woche:

MONTAG

DIENSTAG

MITTWOCH

DONNERSTAG

FREITAG

SAMSTAG

SONNTAG

IDEEN UND GEDANKEN

Zeit zum REFLEKTIEREN

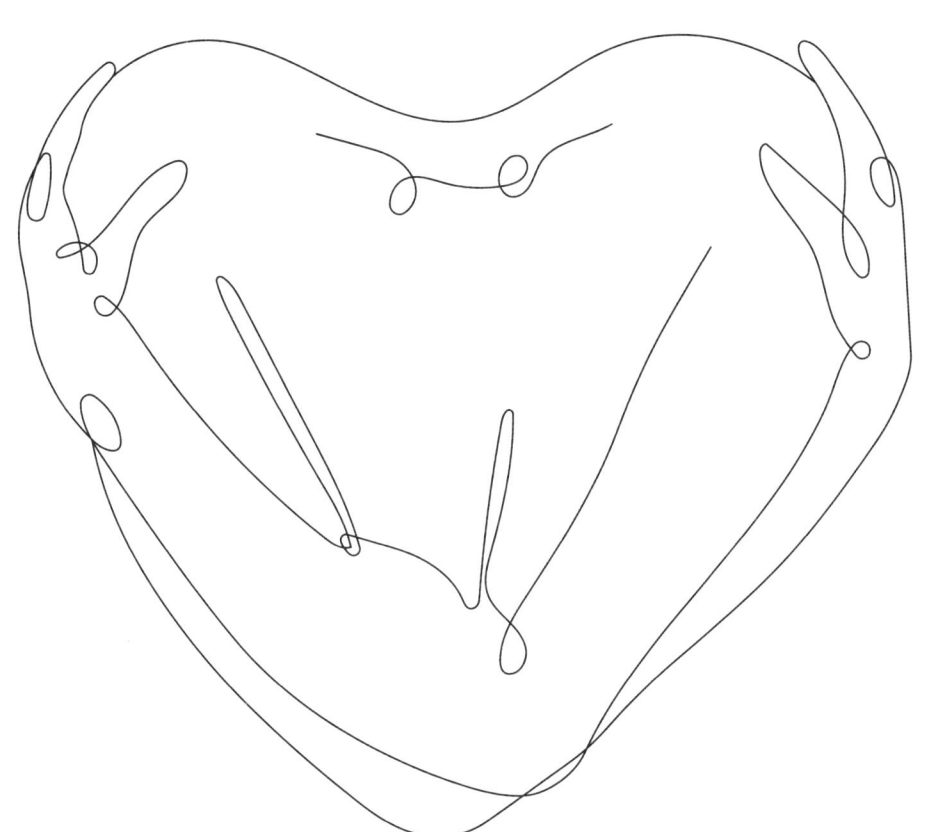

15

Sich VERGLEICHEN

Jeder von uns möchte geliebt und anerkannt werden. Wir möchten einen festen Platz in der Gesellschaft haben und uns sicher fühlen. Um das zu erreichen, vergleichen wir uns leider zu oft mit anderen und passen unser Verhalten entsprechend an. Schon in der Kindheit werden unsere Leistungen z. B. in der Schule mit denen von anderen verglichen. Dabei gehen wir alle unsere eigenen Wege in unserem eigenen Tempo. Vielleicht hast du manchmal das Gefühl, dass andere Menschen diesen Weg schneller oder besser gehen als du. Doch vergiss dabei nicht, dass du ein Individuum bist – mit eigener Geschichte, eigenen Voraussetzungen und Fähigkeiten. Wieso sollten wir uns also miteinander vergleichen, wenn das eigentlich gar nicht möglich ist? Andere sind nicht schlechter oder besser als wir – jeder von uns ist anders!

Vor allem (soziale) Medien bergen die Gefahr, dass wir das Gefühl bekommen, dass das Gras bei anderen immer grüner ist als bei uns. Dass unser Leben nicht so spannend ist, unsere Beziehung nicht so glücklich, unser Konto nicht so voll. Das reicht aus, damit bei uns der Gedanke aufkommen könnte, unser Leben sei ein Reinfall. Eine gefährliche Annahme, die nicht wahr ist (siehe S. 221, *Umgang mit digitalen Medien*). Wir werden jeden Tag mit vermeintlich perfekten Körpern konfrontiert, bekommen Artikel angezeigt, wie wir mit nur 5 Minuten am Tag zum Traumkörper kommen oder wie viel wir mit der neuesten Diät abnehmen können. Gerade Schönheitsideale werden uns in Medien präsentiert. Das kann dazu führen, dass wir genau so aussehen wollen oder schlimmstenfalls uns selbst nicht lieben und annehmen können.

IMPULSE: Weniger vergleichen

Sei dir stets bewusst: Es ist nicht alles Gold, was glänzt!
Wir zeigen öffentlich nur das, was wir zeigen wollen, und sollten deshalb nicht
auf die Scheinwelt hereinfallen. Keiner ist makellos und perfekt, wir alle
haben Schwächen und Schattenseiten.

.

Konzentriere dich auf dich, deine Energie und deine Stärken:
Mache dir klar, was du wirklich willst, wer du bist und sein willst und fokussiere
deine ganze Energie darauf – dann hast du gar keine Zeit mehr,
dich zu vergleichen.

Werde dir bewusst, wie weit du schon gekommen bist – oft sind wir
so mit dem Vergleichen und mit den Werdegängen anderer beschäftigt, dass wir
total außer Acht lassen, was wir selbst schon alles erreicht, welche Hürden wir
genommen und welche Entwicklung wir durchgemacht haben.

Übe dich in *Achtsamkeit* (siehe S. 47)!
Dadurch bist du mehr im Hier und Jetzt und vor allem besser bei dir selbst.
Meditation (siehe S. 55) und Anwendung von *Affirmationen* (siehe S. 31)
helfen dir dabei.

Sei dankbar für das, was du bereits hast – für dich,
dein Sein und deinen Körper.

Verzeihe dir selbst! Nobody is perfect – auch nicht die Personen,
zu denen du eventuell hinaufschaust.

Habe Geduld mit dir!
Auch wenn du das Gefühl hast, noch nicht da zu sein, wo du gerne wärst:
Denke an dein eigenes Tempo und sei nicht so streng mit dir.

DER PREIS des Vergleichens

Der Vergleich mit anderen bremst uns in unserer Leistung, Produktivität und Motivation aus. Durch permanentes Vergleichen müssten wir so viel Energie aufbringen und wären so beschäftigt, dass wir uns gar nicht mehr auf uns selbst, unsere Projekte und unser Leben fokussieren könnten. Wenn aus allem in deinem Leben ein Wettbewerb wird, kann das seelische und körperliche Folgen haben – vor allem löst es Stress aus. Genau dieser Stress kann zu weiteren, ernsthaften Krankheiten führen.

In meinem Job als Influencerin ist es nur ein Swipe bis zur nächsten Möglichkeit, sich zu vergleichen. Natürlich schaue ich mir auch an, was meine Kolleginnen und Kollegen auf Instagram & Co. so machen. Dabei begegnen mir ästhetische Bilder, wunderschöne Reiseberichte, beeindruckende Kooperationspartner usw. Doch kann ich nun viel besser mit diesen Eindrücken umgehen und vergleiche mich nicht mehr so krankhaft damit wie früher. Es ist unsinnig, sich mit anderen zu vergleichen – egal, in welcher Branche. Denn am Ende wäre das so, als würden wir Äpfel mit Birnen vergleichen.

DEINE WOCHENAUFGABE

Nimm dir eine Reflexionsseite aus dem Buch und beantworte folgende Fragen:

1. Mit welchen Personen vergleichst du dich? Wie fühlst du dich dabei?

2. Vergleichst du dich mit Menschen, mit denen du auf Augenhöhe bist oder die weit darüber sind?

3. Weißt du, wie viel Zeit die Person in das Thema gesteckt hat und wie viel Erfahrungen sie oder er hat?

4. Ist es wirklich wahr, was du von der Person siehst und hältst?

5. Vergleichst du dich in Momenten, wo es dir richtig gut geht, oder in solchen, in denen du dich nicht gut fühlst und dieser Vergleich dir einen weiteren Stich versetzt?

Woche:

MONTAG

DIENSTAG

MITTWOCH

DONNERSTAG

FREITAG

SAMSTAG

SONNTAG

IDEEN UND GEDANKEN

Zeit zum REFLEKTIEREN

Achte auf Deine Gedanken,
denn sie werden WORTE.

Achte auf Deine Worte,
denn sie werden HANDLUNGEN.

Achte auf Deine Handlungen,
denn sie werden GEWOHNHEITEN.

Achte auf deine Gewohnheiten,
denn sie werden DEIN CHARAKTER.

Achte auf Deinen Charakter,
denn er wird DEIN SCHICKSAL.

CHARLES READE

Nimm dir, was du brauchst ...

RUHE

LEIDENSCHAFT

HOFFNUNG

EINE UMARMUNG

KRAFT UND ENERGIE

:)

LIEBE

MUT

VERSTÄNDNIS

ZEIT

GESUNDHEIT

16 ───────────────────────────────

Umgang mit *SORGEN* und *ÄNGSTEN*

Egal, in welchem Lebensbereich – jeder von uns hat schon Sorgen und Ängste erlebt. Vielleicht kennst du Menschen, die damit leichter umgehen können als andere. Tatsächlich haben unsere Wahrnehmung, Einstellung und der Umgang mit Sorgen und Ängsten einen großen Einfluss darauf, wie sehr sie uns belasten. Angst und Stress sind angeborene biologische Reaktionen, die überlebenswichtig sind und den Erhalt der Menschheit sichergestellt haben. Wie ist das bei dir? Machst du dir oft große Sorgen über Dinge, die dein Überleben bedrohen? Oder sind es welche, die dich in einem Monat gar nicht mehr beschäftigen?

Manchmal können Ängste und Sorgen ausarten. Bevor ich mich intensiv mit mir selbst auseinandergesetzt habe, begleiteten mich erst schleichend und dann täglich große Zukunfts- und Existenzängste. Ich hatte Schlafprobleme und war leicht reizbar. Als ich am tiefsten Punkt meiner mentalen Gesundheit angekommen war, erlebte ich erstmals etwas, das mich danach noch eine ganze Weile begleiten und mich nachhaltig prägen sollte: eine Panikattacke. Panikattacken sind plötzliche Angstanfälle, bei denen unser Körper uns signalisiert, dass wir in Lebensgefahr schweben. Darauf reagiert er mit sehr starken Symptomen. Dazu gehören z. B. starker oder unregelmäßiger Herzschlag, Schweißausbrüche, Schwindel, Atemnot und Todesangst. Die Ursachen von Panikattacken liegen tief in der Psyche verankert, der Auslöser ist meistens Stress. Es artete so stark aus, dass ich irgendwann nicht mehr das Haus verlassen konnte und mich extrem hilflos fühlte. Deswegen suchte ich mir Hilfe bei meiner Therapeutin. Ich ging all die Themen an, die ich in diesem Workbook beschreibe – und hatte seitdem keine Panikattacke mehr. Solltest du Panikattacken haben, nimm das bitte nicht auf die leichte Schulter, sondern suche dir ärztliche Hilfe!

IMPULSE zum Umgang mit Sorgen und Ängsten

Ändere deinen Blickwinkel: Unsere Gedanken sind für unser ganzes Leben entscheidend. Meiner Erfahrung nach empfinden wir oft großen Stress, weil unser Blickwinkel gerade negativ ist und wir unsere Lebenssituation deshalb auch sehr negativ bewerten. Das Ziel ist es also, unseren Fokus auf das Positive zu lenken. Achten wir auf positive Dinge, öffnen wir dem Glück die Tür – genauso ist es auch anders herum.

Gedanken ändern: Gedanken sind verinnerlichte Handlungen, die wir ausüben, ohne wirklich darüber nachdenken zu müssen. Wenn uns negative Gedanken überfluten, sollten wir versuchen, aus diesem Strudel herauszukommen, statt uns weiter hineinzusteigern. Schnappe dir deine Schuhe und jogge los, nimm dir eine Leinwand und male ein Bild, meditiere, mache Yoga, schreibe dir alle Gedanken, Sorgen und Ängste von der Seele oder tue das, was dir in diesem Moment ein gutes Gefühl gibt!

Gewohnheiten ändern: Um unsere Gedanken zu ändern, hilft es, unsere Gewohnheiten zu ändern. Die Änderungen sollten also nicht nur im Innen, sondern auch im Außen geschehen. In den anderen Kapiteln findest du viele Anregungen, um deine Gewohnheiten zu ändern.

Werde aktiv oder lasse los: Wenn du etwas nicht ändern kannst, lasse los. Wenn es Dinge gibt, die in deiner Macht stehen, dann verändere, was du ändern kannst. Das Gefühl von Hilflosigkeit wirkt sich grundsätzlich negativ auf unsere mentale Gesundheit aus. Im besten Fall kannst du das Grübeln sein lassen und etwas tun oder unterlassen, um die Situation zu verbessern. Und wenn nicht, kannst du ohne schlechtes Gewissen akzeptieren, was gerade ist (siehe auch *Overthinking*, S. 123).

Starte heute mit der Umsetzung! Wenn du das nächste Mal in Sorgen feststeckst, reflektiere die Situation, schreibe dir auf, ob und was du ändern kannst, finde eine Akzeptanz für deine Situation und ändere deinen Blickwinkel.

Welche Situation bereitet dir gerade große Sorgen oder Ängste?

_____

Was ist das Schlimmste, was passieren könnte?

_____

Kannst du aktiv etwas tun, um die Situation zu verbessern? Wenn ja, was?

_____

Wer kann dir in deiner aktuellen Situation helfen und dich unterstützen?

_____

Wenn du nichts an der Situation ändern kannst, kannst du dir vorstellen, dass du gedanklich loslässt und es so akzeptierst, wie es ist?

☐ Ja   ☐ Nein   ☐ Es fällt mir noch schwer.

DEINE WOCHENAUFGABE

Fülle obenstehende Reflexionsaufgaben aus und beobachte, ob und wie sich deine Sorgen in den nächsten Tagen verändern. Wenn du etwas tun kannst, werde aktiv! Gehe Schritt für Schritt vor und frage dich: Was kann ich heute tun, um meine Situation zu verbessern? Das können auch nur 15 Minuten sein, in denen du reflektierst, eine Recherche betreibst, ein Telefonat oder ein Gespräch führst. Du schaffst das!

Woche:

MONTAG

DIENSTAG

MITTWOCH

DONNERSTAG

FREITAG

SAMSTAG

SONNTAG

IDEEN UND GEDANKEN

Zeit zum REFLEKTIEREN

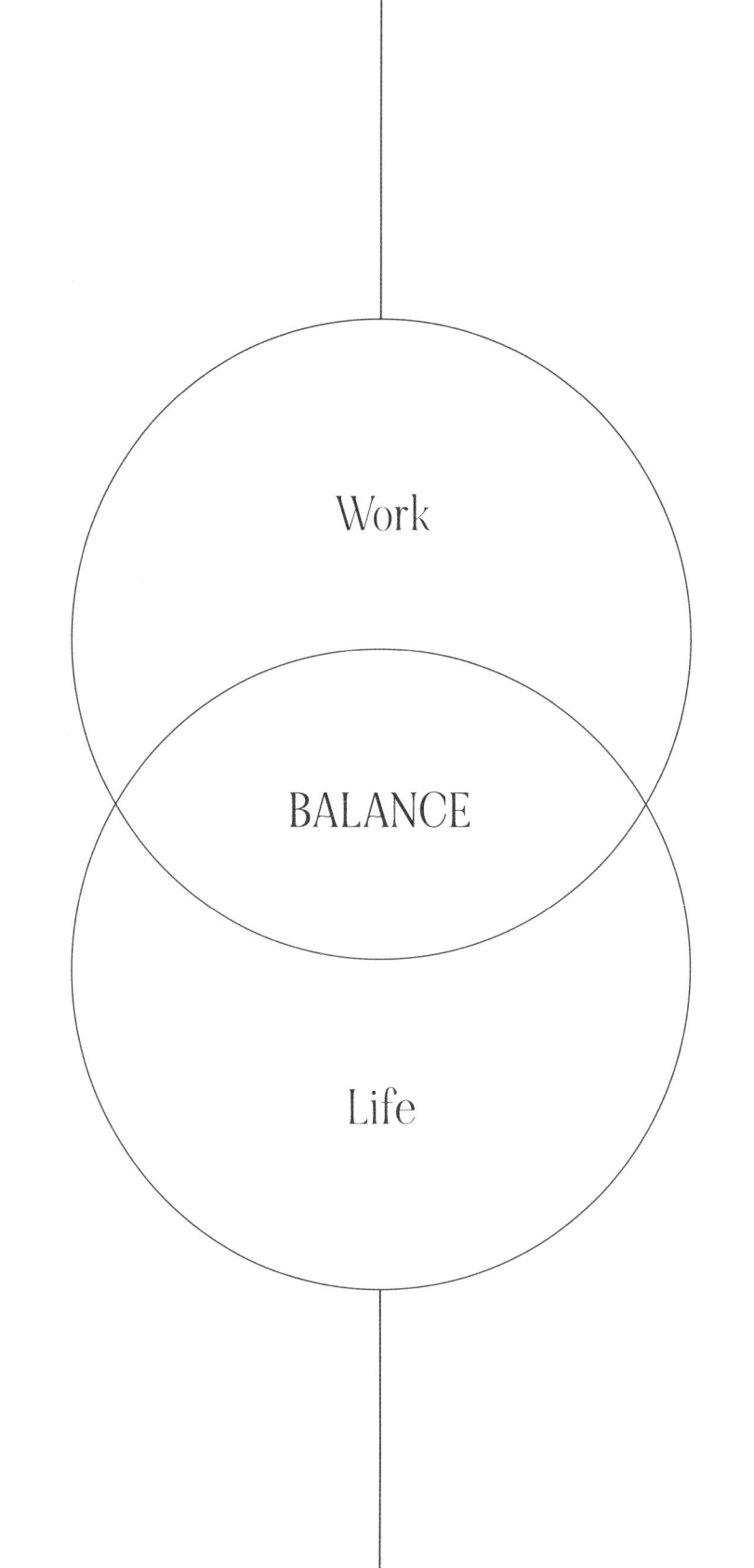

17

WORK-LIFE-BALANCE

Das erste Schlagwort, das mir beim Brainstorming zu diesem Workbook eingefallen ist, war Balance. Es ist für mich ein so wichtiges Thema auf meiner Heilungsreise gewesen! Als es mir nicht gut ging, konnte ich den Wald vor lauter Bäumen nicht mehr sehen. Job, Arbeit, Familie, Freundschaften, Hobbys und andere Dinge: Alles war ein wildes Chaos! Ich stand bei allem unter Strom, sah überall nur Verpflichtungen; Stress war mein permanenter Begleiter. Ich glaubte, dass das so sein muss und es nicht anders geht. Ich habe nie hinterfragt, was ich da wirklich tue, und gar nicht bemerkt, in welchen Strudel ich hineingeraten war. „Hauptsache, ich funktioniere." Das war damals meine Devise. Diese Einstellung brachte mich u. a. zu meinen Diagnosen Burn-out und Depression. Damit du die Zeichen früher erkennst als ich und damit es gar nicht erst dazu kommt, habe ich dieses Workbook geschrieben und dem Thema Balance ein eigenes Kapitel gewidmet.

Work-Life-Balance beschreibt einen Lebensstil, in dem wir belastende Arbeits- und Lebenssituationen durch Freizeitbeschäftigungen, die uns Glück und Freude bringen, wieder ausgleichen können. Dadurch wird ein Gleichgewicht zwischen Leben und Arbeit hergestellt. Das Ziel einer Work-Life-Balance ist es, neben dem Job eine Qualitätszeit zu schaffen, in der wir uns ausleben, unser Sozialleben pflegen und etwas für unsere Gesundheit tun können. In unserer Leistungsgesellschaft ist es leider immer noch gerne gesehen, wenn wir Überstunden machen oder vom Stress im Job berichten. Durch Corona haben viele Menschen zudem erlebt, was das Home Office bedeuten kann. Studien haben gezeigt, dass die meisten Menschen von zu Hause aus tendenziell mehr arbeiten als in ihrem normalen Arbeitsumfeld. Die Grenzen zwischen Job und Privatleben verschwimmen.

IMPULSE für eine gute Work-Life-Balance

Solltest du in deinem Job die Möglichkeit haben, deine Arbeitszeit frei einzuteilen, diszipliniere dich dazu, sie jede Woche ähnlich zu gestalten. Durch diese Arbeitsroutine behältst du eine Struktur bei und weißt besser, wann du die Arbeit für den Tag niederlegen solltest.

Erkenne den Unterschied zwischen Zeitvertreib und „Quality Time": Viele Menschen neigen dazu, sich nach der Arbeit von Medien berieseln zu lassen und zu konsumieren, statt ihre Freizeit aktiv zu nutzen und etwas zu erschaffen oder aktiv zu tun. Siehe auch S. 221, *Umgang mit digitalen Medien*.

Hinterfrage, ob du deinen Job liebst. Wir verbringen so viel Zeit unseres Lebens mit Arbeit. Wenn du einen Beruf wählen kannst, hinter dem du total stehst (siehe S. 105, *Ein selbstbestimmtes Leben führen*), schaffst du dir eine sehr gute Grundlage für ein erfülltes Leben.

Plane dir jeden Tag bewusste Auszeiten ein und mache Dinge, die deiner Seele und deinem Körper guttun!

Verbringe Zeit mit dir allein! Finde Ruhe, Entspannung und Erholung in einer bewussten und fest eingeplanten Me-Time.

Pflege deine sozialen Kontakte und finde in den Begegnungen Abwechslung, Unterstützung und Inspiration.

Jeder von uns hat 24 Stunden Zeit am Tag.
Lerne, sie gut einzuteilen und dich dabei nicht aus den Augen zu verlieren (siehe S. 157–167, *Selbstmanagement* und *Produktivität*). Gesunde Routinen helfen dir dabei – siehe Kapitel *Morgenroutine* (S. 71), *Abendroutine* (S. 79), *Sport und Bewegung* (S. 181) und *Ernährung* (S. 189).

Das LEBENSRAD

Wie sieht deine aktuelle Lebensqualität aus? In welchen Bereichen führst du schon das Leben, das du dir wünschst, und wo ist noch Luft nach oben? Zeichne von der Mitte ausgehend in die Felder ein, wie erfüllt du bist.

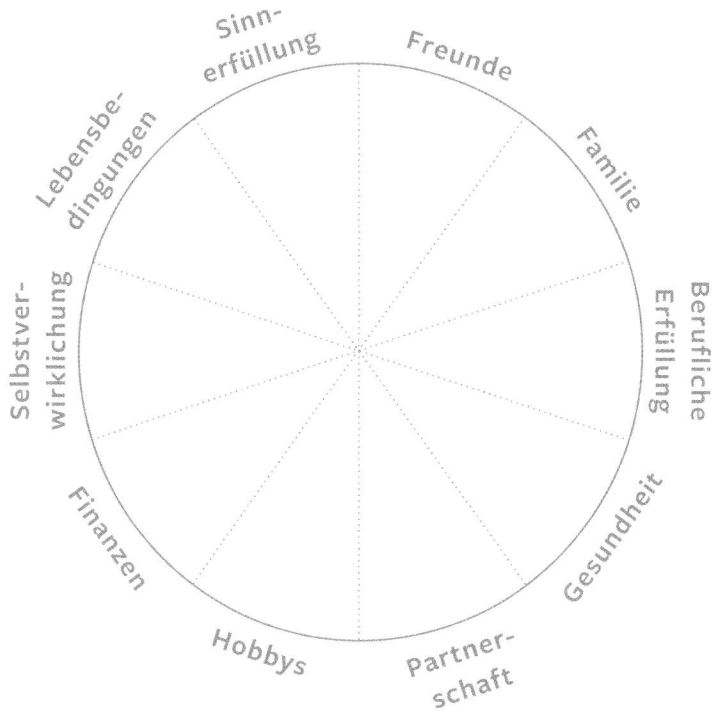

DEINE WOCHENAUFGABE

Reflektiere deine aktuelle Lebenssituation mit dem Lebensrad.
Trage dann ein, wie hoch der Stellenwert der Lebensbereiche für dich ist.
Verteile dafür die Zahlen 1 (nicht wichtig) bis 10 (sehr wichtig). Arbeite in der kommenden Woche an einem Lebensbereich, den du hoch bewertet hast und in dem du noch nicht so erfüllt bist, wie du es dir wünschst.

Woche:

MONTAG

DIENSTAG

MITTWOCH

DONNERSTAG

FREITAG

SAMSTAG

SONNTAG

IDEEN UND GEDANKEN

Zeit zum REFLEKTIEREN

18

SELBSTMANAGEMENT

„Ich habe keine Zeit für XYZ" – ein Satz, den wir sicher schon oft gehört und selbst gesagt haben. Vielleicht haben wir dabei auch den Tipp bekommen: „Du brauchst nur ein besseres Zeitmanagement, dann löst sich dein Problem." Dabei können wir faktisch die Zeit gar nicht managen! Uns allen stehen die gleichen 24 Stunden am Tag zur Verfügung, egal, ob wir sie managen oder nicht. Das bessere Wort hierfür ist deswegen „Selbstmanagement". Das Ziel ist es, die Fähigkeit zu entwickeln, Wachstum und persönliche Entwicklung eigenständig zu gestalten – weitestgehend unabhängig von äußeren Einflüssen. Dabei sollten wir die richtigen Dinge so effektiv wie möglich umsetzen. Was „richtig" ist, bestimmen wir dabei selbst. Zusammengefasst gehört zum Selbstmanagement, dass wir unsere Aufgaben planen, priorisieren und organisieren, den Überblick über die To-dos behalten und uns dauerhaft motivieren können. Klingt erstmal ganz schön ambitioniert, oder? Aber keine Sorge, wie immer verstehen wir das Entwickeln unseres Selbst und unserer Persönlichkeit als Prozess – Schritt für Schritt. Bevor wir uns selbst managen können und du im folgenden Kapitel mehr zum Thema *Produktivität* erfährst (siehe S. 165), möchte ich dir ein interessantes Modell zum Thema Bedürfnisse und Motivation zeigen. Hast du dich schon mal gefragt, warum dir die Themen Selbstverwirklichung und langfristige Ziele so schwer fallen oder außerhalb deiner Vorstellungskraft liegen? Falls ja, könnte es daran liegen, dass es andere und wichtigere Dinge in deinem Leben gibt, die du vorher bearbeiten solltest. Denn es ist so: Bevor wir nicht unsere Grundbedürfnisse gestillt haben, können wir uns nicht oder nur schwer für das Thema Selbstverwirklichung motivieren. Wenn du Durst hast oder krank bist, ist es wichtiger, dich darum zu kümmern als um ein neues Auto oder ein Weiterbildungsseminar. Der US-amerikanische Psychologe Abraham Maslow hat die Bedürfnispyramide – ein sozialpsychologisches Modell – entwickelt. Er geht davon aus, dass erst einmal alle Bedürfnisse gestillt sein müssen, um die Motivation zu haben, die nächste Ebene mit den nächsten Bedürfnissen anzugehen.

BEDÜRFNISPYRAMIDE nach Maslow

**Selbstver-
wirklichung**

ICH-Bedürfnisse
z. B. Anerkennung/
Wertschätzung

Sozialbedürfnisse
z. B. Zugehörigkeit, Kontakte, Liebe

Sicherheitsbedürfnisse
z. B. Arbeiten, Wohnen, Ordnung

Grundbedürfnisse
z. B. Essen, Trinken, Schlafen, Kleidung, Sex

**Auf welchen Bedürfnis-Ebenen bist du bereits vollends zufrieden?
Kreuze an!**

☐ Selbstverwirklichung   ☐ Sicherheitsbedürfnisse

☐ ICH-Bedürfnisse   ☐ Grundbedürfnisse

☐ Sozialbedürfnisse

An welcher Ebene möchtest du in den nächsten Wochen arbeiten?

_____

Was kannst du aktiv tun, um hier deine Bedürfnisse zu befriedigen?

_____

Welche Themen wirst du als Nächstes angehen?

_____

DEINE WOCHENAUFGABE

Beantworte die Fragen oben und notiere dir zwei Dinge, die du in der kommenden Woche machen möchtest. Denke auch hier in kleinen Schritten!

Möchtest du ein Buch lesen, an einem Sportkurs teilnehmen, deine Familie besuchen? Plane dir das nun fest in deinen Kalender ein!

Woche:

MONTAG

DIENSTAG

MITTWOCH

DONNERSTAG

FREITAG

SAMSTAG

SONNTAG

IDEEN UND GEDANKEN

Zeit zum REFLEKTIEREN

19

PRODUKTIVITÄT

Wir alle kennen den Spruch: Gute Organisation ist die halbe Miete!
Jetzt, wo du dir über den Stand deiner Bedürfnisse klar geworden bist
(siehe *Selbstmanagement*, S. 157), kannst du daran arbeiten, produktiver zu
werden. Unser Ziel ist es, mit großer Leichtigkeit eine hohe Produktivität zu
erreichen. Meiner Erfahrung nach macht mir die Arbeit am meisten Spaß, wenn ich
möglichst oft in den „Flow"-Zustand komme. Dabei bin ich hochkonzentriert und
gehe total in dem auf, was ich gerade tue. Ich vergesse die Zeit, blende alles um
mich herum aus und die Arbeit geht mir mühelos von der Hand. Am Ende bin ich
dann sehr stolz auf mich – ein richtig schöner Zustand! Um ihn zu erreichen,
brauche ich die perfekte Balance zwischen Über- und Unterforderung,
ich muss einen klaren Fokus auf ein Thema haben und Fortschritte
sehen können, um motiviert zu bleiben.

Neben der klassischen To-do-Liste gibt es weitere Methoden, die du
ausprobieren und in deinen Alltag integrieren kannst: Die **2-Minuten-Regel**
besagt, dass du Aufgaben, die du in weniger als 2 Minuten erledigen kannst,
sofort machst, damit sie sich nicht summieren und du sie aus dem Kopf hast.
Das **Parkinsonsche Gesetz** besagt, dass du länger für eine Aufgabe brauchst,
je mehr Zeit du dafür zur Verfügung hast bzw. einplanst. Lege dir also für jede
Aufgabe eine bestimmte Zeit fest, in der du sie erledigt haben möchtest –
dadurch wird deine Arbeit effektiver! Mit der **Pomodoro-Methode** kannst du
dich motivieren, indem du 25 Minuten hochkonzentriert arbeitest, dann für
5 Minuten eine Pause machst und diesen Rhythmus wiederholst. Um deinen
Schweinehund zu überwinden, fange einfach an! Wenn du den Impuls verspürst,
etwas zu tun, warte nicht darauf, bis dein Schweinehund Argumente dagegen
gefunden hat. Nimm dir vor, an der Aufgabe mindestens 5 Minuten lang
zu arbeiten – meistens bleiben wir dran und ziehen es länger durch.

Die Eisenhower-Priorisierungsmatrix

Wie regelst du aktuell deine Alltagsaufgaben? Schaffst du es bereits, deine Mails im Postfach nicht zu lange ungelesen oder unbearbeitet zu lassen? Beim Aufgabenerledigen ist es das A und O, Prioritäten zu setzen! Ich behalte den Überblick bei all meinen Projekten, weil ich sie von Anfang an nach Dringlichkeit sortiere. Die Eisenhower-Matrix kann dir beim Priorisieren helfen.

	FÜR SPÄTER TERMINIEREN	SOFORT ERLEDIGEN
WICHTIGKEIT	Wichtige Aufgaben, die oft zu kurz kommen, uns aber langfristig zufriedener machen (z. B. Weiterbildung, Beziehungen, Ziele).	Dringende Angelegenheiten, die heute erledigt werden müssen (z. B. Konflikte, Terminfristen, Krisen).
	NICHT BEARBEITEN & VERWERFEN	**REDUZIEREN, AUSLAGERN ODER AUTOMATISIEREN**
	Dinge, die zur Zerstreuung dienen, aber uns in keiner Weise voranbringen (z. B. Social-Media-Nutzung, in Details verlieren).	Routineaufgaben und Dinge, die wir regelmäßig erledigen und im Idealfall abgeben können (z. B. Aufräumen, Einkaufen etc.).

DRINGLICHKEIT

TIPPS für deine To-do-Listen

- Schreibe auf eine Reflexionsseite **alle Aufgaben**, die du erledigen möchtest. Ordne deine Aufgaben nach Dringlichkeit, indem du die vier Kästen der Eisenhower-Matrix skizzierst und deine Aufgaben in die passenden Stellen reinschreibst. Heute solltest du alle Aufgaben vom Feld rechts oben behandeln. Anschließend die Dinge rechts unten. Versieh deine Aufgaben mit Datum und Deadline. Nimm dir jeden Tag Zeit, um deine Aufgaben zu überprüfen und anzupassen.
- Du kannst auch **zwei Listen** führen – z. B. für private und berufliche Aufgaben.
- Das Leben lässt sich nicht vorherbestimmen und es können immer Dinge dazwischenkommen. Bleibe bei deiner Zeitplanung realistisch – es bringt nichts, wenn du dir viel zu viel an einem Tag vornimmst oder die Deadlines zu knapp ansetzt.
- Zu große Aufgaben können demotivieren. Brich große Aufgaben in **mehrere kleine Unteraufgaben** auf und sei dabei so konkret wie möglich.
- **Feiere deine Erfolge** – wer kennt nicht das tolle Gefühl beim Durchstreichen? Wertschätze dich und deine Arbeit und belohne dich zwischendurch mit Pausen!
- Wenn du ein neues Planungssystem in deinen Alltag integrieren möchtest, solltest du es für eine gewisse Zeit **kontinuierlich durchziehen**. Stellst du danach fest, dass es nicht für dich funktioniert, probiere ein neues aus!
- Plane **die wichtigsten Aufgaben** immer zu den Zeiten, in denen du am besten arbeiten kannst und deine Konzentration am höchsten ist. Kreative Aufgaben löst du am besten, nachdem du die dringendsten Dinge erledigt hast.
- Ein wichtiger Reminder an dieser Stelle: **Achte auf deine Balance**, plane regelmäßig Pausen ein und nimm dir nicht zu viel vor (siehe *Work-Life-Balance*, S. 149).

DEINE WOCHENAUFGABE

Starte deine Woche, indem du alle deine Aufgaben mit dem Eisenhower-Prinzip priorisiert und dabei meine Tipps für deine To-do-Liste einbeziehst.

Woche:

MONTAG

DIENSTAG

MITTWOCH

DONNERSTAG

FREITAG

SAMSTAG

SONNTAG

IDEEN UND GEDANKEN

Zeit zum REFLEKTIEREN

20 ——————————————

GESUNDER SCHLAF

Schlaf ist – und da erzähle ich dir sicher nichts Neues – unglaublich wichtig für unsere körperliche und mentale Gesundheit. Es gibt mittlerweile sehr viele Studien dazu, dass beispielsweise Stress in Zusammenhang mit Schlafmangel und schlechter Schlafqualität steht. Aus diesem Stress heraus können diverse körperliche Symptome resultieren. Während wir schlafen, finden lebenswichtige Prozesse in unserem Körper statt. Wir laden unsere Energie auf, verarbeiten die Eindrücke des Tages, stärken unsere Abwehrkräfte und es werden Wachstumshormone für die Zellerneuerung gebildet. Und das sind nur einige Beispiele. Je nach Alter und körperlicher Veranlagung brauchen wir unterschiedlich viel Schlaf – die Forschung geht von durchschnittlich 7 Stunden aus. Ganz wichtig dabei ist jedoch nicht nur die geschlafene Zeit, sondern auch die Qualität des Schlafes.

Wer schon mal unter Schlafstörungen gelitten hat, weiß, wie belastend das sein kann. Die Ursachen sind vielfältig, häufig sind es Stress und psychische Belastungen. Wer länger damit zu kämpfen hat, sollte unbedingt ärztlichen Rat einholen, um körperliche und mentale Ursachen abzuklären. Ansonsten gibt es einiges, was wir tun können, um unseren Schlaf zu verbessern.

Unter dem Begriff „Schlafhygiene" werden bestimmte Verhaltensweisen verstanden, die helfen, einen erholsamen Schlaf zu haben und Schlafstörungen vorzubeugen. Ein gesunder Schlafrhythmus ist eines der Ziele. Gehe also immer zur gleichen Uhrzeit ins Bett und stehe zur gleichen Uhrzeit auf. Unterstütze deinen Körper, indem du circa zwei Stunden vor dem Schlafengehen nichts mehr isst oder nur kleine Mengen zu dir nimmst. Hungrig solltest du keinesfalls sein. Verzichte einige Stunden vor dem Schlafengehen auf Alkohol und Koffein. Wenn du ein Fan von Mittagsschlaf bist, solltest du diesen nicht länger als 30 Minuten halten. Körperliche Überanstrengung verhindert den Entspannungsmodus deines Körpers. Weitere Tipps findest du auf der nächsten Seite.

TIPPS für einen gesunden Schlaf

Wenn deine **Gedanken, Sorgen oder Ideen** dich abends
rastlos machen, **schreibe sie auf** und mache dadurch den Kopf frei.

Wenn du gerade nichts zu schreiben hast, hilft es auch,
dass du dir bildlich vorstellst, **deine Gedanken in eine Schublade
zu packen** mit der Option, sie am kommenden Tag wieder
aufzumachen und dich darum zu kümmern.

Probiere natürliche Helfer aus: Sprühe dir zur Beruhigung
Lavendelspray oder -öl auf dein Kopfkissen. Baldrian-Tabletten aus natür-
lichen Rohstoffen können sanft beruhigen, genauso wie die Schlafbeere –
auch Ashwagandha genannt. Du kannst diese als Pulver oder
Kapseln zu dir nehmen.

Werde dir darüber bewusst, **mit welchen Themen du dich abends
beschäftigst**. Ob Netflix, TV, Social Media oder bestimmte Gespräche –
schwere Themen können kontraproduktiv beim Einschlafen sein.

Du kannst **Entspannungstechniken** wie *Meditationen*
(S. 55) oder *Yoga* (S. 63) anwenden, um den mentalen
und körperlichen Ballast des Tages abzulegen.

Wenn du wissen möchtest, wie viel du schläfst und wie hoch
deine Schlafqualität ist, kannst du einen **Schlaftracker** verwenden.

Wie viele Stunden schläfst du durchschnittlich jede Nacht?

Wirst du zwischendurch öfter wach?

☐ Ja   ☐ Nein   ☐ Ich bin mir nicht sicher.

Wachst du morgens erholt auf?

☐ Ja   ☐ Nein   ☐ Unterschiedlich

Was tust du in der Regel kurz vor dem Zubettgehen?

Welche deiner Gewohnheiten könnten deinen Schlaf beeinträchtigen?

Was kannst du die nächsten Tage tun, um deinen Schlaf zu verbessern?

DEINE WOCHENAUFGABE

Fülle obenstehende Fragen aus. Lasse dich von den Tipps inspirieren und probiere aus, was du anders machen könntest! Wenn du die Möglichkeit hast, tracke deinen Schlaf, um herauszufinden, wie gut deine Schlafqualität ist.

Woche:

MONTAG

DIENSTAG

MITTWOCH

DONNERSTAG

FREITAG

SAMSTAG

SONNTAG

IDEEN UND GEDANKEN

Zeit zum REFLEKTIEREN

GROWTH is GROWTH.

NO MATTER HOW SMALL

21

SPORT und BEWEGUNG

Wir alle wissen, wie schwer es ist, unseren inneren Schweinehund und unsere Bequemlichkeit zu überwinden. Das kann am Anfang unangenehm sein und erfordert mehr Disziplin, doch mit der Zeit wird es besser und die Anstrengungen werden sich auszahlen – versprochen! Bewegung sollte in erster Linie nichts mit dem Idealgewicht oder äußeren Zielen zu tun haben, sondern vielmehr mit gesunden Ritualen, Wertschätzung für dich selbst und mit Einklang. Nicht nur für unseren Körper sind Sport und tägliche Bewegung wichtig. Sie tragen auch dazu bei, dass es unserer Psyche gut geht.

Mehr und regelmäßig Sport zu machen und langfristig dranzubleiben – das alles hat etwas mit unserer Motivation zu tun. Um motiviert zu werden und zu bleiben, ist es ganz wichtig, dass du dir als Erstes darüber bewusst wirst, was dein Antrieb ist, mehr Sport zu machen. Willst du es wirklich für dich selbst tun oder verspürst du Druck von außen? Wie wir in Kapitel *Sich vergleichen* (S. 131) gelernt haben, tendieren wir dazu, uns durch Vergleiche unter Druck zu setzen. Doch wenn deine Motivation nur darin begründet ist, anerkannt und geliebt zu werden – also äußerliche Ziele –, dann wirst du vermutlich nicht dauerhaft dranbleiben. Du musst es für dich wollen!

Im nächsten Schritt solltest du einen Sport finden, der dir wirklich Spaß macht. Mittlerweile gibt es ein breites Angebot und so viele Möglichkeiten. Wenn du Sport und Bewegung bisher nicht in dein Leben integriert hast, fange klein an und nimm dir an zwei Tagen in der Woche vor, aktiv zu werden. Gerade am Anfang wird dich der Schweinehund von diesem Vorhaben abhalten wollen. Aber wenn du dranbleibst, wirst du nach einigen Wochen erste Erfolge sehen, die dich beflügeln, nicht aufzugeben.

GUTE GRÜNDE für mehr Sport und Bewegung

1. Du wirst gelassener, ausgeglichener und du fühlst dich einfach besser. Beim Sport werden Endorphine ausgeschüttet, die uns Glücksgefühle spüren lassen.

2. Das Risiko für Erkrankungen sinkt und dein Immunsystem und Körper werden gestärkt.

3. Durch sportliche Betätigung wird Stress minimiert. Gerade nach acht Stunden vor dem Bildschirm fehlt unserem Körper die Balance zwischen An- und Entspannung.

4. Du bekommst ein besseres Körpergefühl, was dein Selbstwertgefühl steigert.

5. Du bekommst den Kopf frei und verbringst eine aktive Me-Time. Du nimmst dir bewusst Zeit für dich, beschäftigst dich mit dir selbst und kannst negative Gedanken besser loslassen.

6. Nutze Sport in Maßen als Ventil gegen Frust, Enttäuschung oder Langeweile!

Sport in den ALLTAG INTEGRIEREN

Was kannst du tun, um im Alltag mehr Sport zu machen?

- Nutze – wenn möglich – öfter das Fahrrad statt Auto.
- Wenn du keinen eigenen Hund hast, bietest du vielleicht Gassirunden in deiner Nachbarschaft an.
- Nimm die Treppe statt des Aufzugs.
- Verbringe deine Arbeitspause mit etwas Bewegung: Gehe draußen spazieren oder mache ein Stretching-Workout.

- _____

- _____

Welche Sportarten würdest du gerne einmal ausprobieren?

_____

_____

_____

DEINE WOCHENAUFGABE

Schreibe dir auf, was deine persönlichen Gründe für mehr Sport
und Bewegung sind. Finde heraus, welche Sportart dir Spaß macht und
vereinbare einen Probetermin dafür. Wenn du das schon weißt, sorge für mehr
Abwechslung und probiere etwas Neues aus! Bewege dich jeden Tag
mindestens 20 Minuten aktiv – in welcher Form, entscheidest du.

Woche:

MONTAG

DIENSTAG

MITTWOCH

DONNERSTAG

FREITAG

SAMSTAG

SONNTAG

IDEEN UND GEDANKEN

Zeit zum *REFLEKTIEREN*

22

ERNÄHRUNG

In diesem Kapitel geht es nicht ums Abnehmen oder darum, ein Idealgewicht zu erreichen. Es geht um deine Gesundheit und dein Wohlbefinden! Denn genau wie beim Sport unterschätzen wir auch bei der Ernährung, dass sie sich nicht nur auf die körperliche, sondern auch auf die psychische Gesundheit auswirkt. Ich besitze seit vielen Jahren keine Waage mehr – wozu? Was sagt die Zahl auf einer Waage über mein Wohlbefinden und Glück aus? Richtig: gar nichts. Wenn wir uns in unserem Körper wohlfühlen, strahlen wir das auch aus – egal, was die Waage anzeigt!

Damit Ernährung nicht zu etwas wird, womit du dich permanent beschäftigen musst, kann ich dir auch hier empfehlen, eine gesunde Routine zu entwickeln. Hast du erstmal den Dreh raus und weißt nach einiger Zeit, welche Lebensmittel und Gerichte dir guttun und für dich funktionieren, wird es einfacher. Das Stichwort ist hier Langfristigkeit. Wir wollen keine Crashdiäten oder quälenden Verzicht, denn wir wollen Stress vermeiden, liebevoll mit unserem Körper umgehen und ihn langsam an eine neue Ernährungsweise gewöhnen. Dabei ist wichtig zu verstehen, dass wir alle unterschiedlich sind. Was für den einen gut ist, muss für die andere nicht gut sein.

Wie immer, wenn wir etwas in unserem Leben ändern wollen, stehen am Anfang eine Zielsetzung und die Frage nach deiner Motivation. Warum möchtest du an deiner Ernährung etwas ändern? Mögliche Antworten könnten sein: „Ich möchte ein gesünderes Leben führen", „Ich möchte meinen Teil zur Umweltverbesserung beitragen" oder „Ich möchte mich besser fühlen". Versuche keine äußeren Ziele zu definieren wie „Ich möchte 5 kg abnehmen", denn mit inneren Zielen wirst du länger dranbleiben. Und wenn du langfristig an deiner Ernährung etwas änderst, könnte dieses Ziel auch ganz von allein erreicht werden.

IMPULSE für eine gesunde Ernährung

Trinke ausreichend Wasser! Oftmals verwechseln wir Durst mit Hunger.

Nimm möglichst unverarbeitete und hauptsächlich pflanzliche Lebensmittel zu dir.

Iss bunt und abwechslungsreich! Wenn du täglich und variierend fünf Portionen aus Obst und Gemüse zu dir nimmst, deckst du schon ganz viele Nährstoffe ab.

Nimm Kohlenhydrate vor allem in ihrer komplexen Form zu dir. Diese stecken z. B. in Vollkornprodukten, Kartoffeln und Hülsenfrüchten.

Achte auf deinen Zuckerkonsum! Zu viel davon kann unsere Gesundheit beträchtlich einschränken.

Stelle sicher, dass dein Proteinbedarf gedeckt ist, z. B. durch Haferflocken, Hülsenfrüchte, Quinoa und Tofu.

Wenn du tierische Nahrungsmittel zu dir nehmen willst, bevorzuge fettigen Fisch, Bio-Fleisch und fermentierte Milchprodukte.

Fett ist lebensnotwendig und nicht verboten. Vermeide dabei Transfette und nimm Lebensmittel mit hochwertigen ungesättigten Fettsäuren zu dir. Toppe deinen Salat z. B. mit Nüssen, Saaten, Hanfsamen und gutem Olivenöl.

Deinen Körper kann es entlasten, wenn du längere Pausen zwischen deinen Mahlzeiten einplanst, z. B. 14 bis 16 Stunden zwischen dem Abendessen und dem Frühstück am nächsten Tag. Die Bezeichnung dafür ist intermittierendes Fasten.

Iss bewusst, langsam und kaue ordentlich. Dadurch trainierst du deine Achtsamkeit, unterstützt die Verdauung und überisst dich nicht.

Gesunde Ernährung in DEINEM ALLTAG

Ich habe mich bewusster mit meiner Ernährung auseinandergesetzt –
und zwar ganz ohne Druck und Zwang. Schritt für Schritt habe ich die nebenstehenden
Tipps befolgt und bin so zu einer Ernährungsroutine gekommen, mit der ich mich
sehr wohlfühle und die ich genießen kann.

Möchtest du etwas an deiner Ernährung ändern? Wenn ja, was?

_____

Welche nächsten Schritte möchtest du in Angriff nehmen?

_____

Wo möchtest du dir Ideen und Inspirationen für neue Rezepte holen?

_____

Wo möchtest du dich über gesunde Ernährung informieren?

_____

Buchempfehlung: „Der Ernährungskompass" von Bas Kast

DEINE WOCHENAUFGABE

Suche dir für die kommende Woche zwei Rezepte heraus, die der Ernährung
entsprechen, die du dir wünschst. Sei bereits in der Vorbereitung achtsam:
Kaufe bewusst die Zutaten ein, koche sie mit allen Sinnen und genieße
das Gericht in vollen Zügen!

Woche:

MONTAG

DIENSTAG

MITTWOCH

DONNERSTAG

FREITAG

SAMSTAG

SONNTAG

IDEEN UND GEDANKEN

Zeit zum REFLEKTIEREN

A comfort zone
is a beautiful place,
BUT NOTHING
grows there.

——————————————————— **UNBEKANNT**

Get Out of Your Comfortzone!

Ich führe ein Gespräch, das ich schon lange aufgeschoben habe.

☐ **I did it!**

Ich gehe heute allein in ein Restaurant.

☐ **I did it!**

Morgen früh ziehe ich mir ein Outfit an,
das nicht meinem gewohnten Auftreten entspricht.

☐ **I did it!**

Ich übe diese Woche ein neues Hobby aus.

☐ **I did it!**

Morgen dusche ich mich kalt.

☐ **I did it!**

Heute gehe ich auf eine fremde Person zu und mache ihr ein Kompliment.

☐ **I did it!**

Ich mache eine (kleine) Reise allein – nur mit mir selbst.

☐ **I did it!**

Am Wochenende verbringe ich einen Tag ohne digitale Medien.

☐ **I did it!**

Where the

MAGIC HAPPENS

YOUR
COMFORT ZONE

23 ————————————————————————————

KOMFORTZONE *verlassen*

Auch wenn dir die Inhalte dieses Workbooks schon viele Möglichkeiten gezeigt haben, neue Dinge auszuprobieren und deinen Horizont zu erweitern, möchte ich dich für das Thema Komfortzone noch einmal sensibilisieren.

Den inneren Schweinehund kennen wir alle und so viele von uns stehen mit ihm auf Kriegsfuß. Dabei hat er eine wichtige Aufgabe: Er will dich beschützen. Denn alles, was du abseits deiner gewohnten Muster und Gewohnheiten tust, stuft er als potenziell gefährlich ein – weil du bisher ja auch ohne Veränderungen überlebt hast! Zudem spart die Komfortzone unglaublich viel Energie, wenn wir automatisch in die Abläufe geraten, die wir schon immer so gemacht haben. Deswegen ist es auch völlig normal, wenn du in unbekannten Situationen mit Angst und Zögern reagierst und dir ausmalst, was alles Schlimmes passieren könnte (siehe S. 141, *Umgang mit Sorgen und Ängsten*). Allerdings liegt dein Wachstumspotenzial genau außerhalb deiner Komfortzone. Dort stellen wir uns Herausforderungen, erleben neue Eindrücke, werden inspiriert und können vieles lernen.
Es geht auch nicht darum, deine Komfortzone permanent zu verlassen, sondern sie Schritt für Schritt in deinem Tempo zu erweitern. Das kann dir Motivation und einen neuen Antrieb geben. Sei mutig, stelle dich deinen Unsicherheiten und gehe es an.
Ich weiß, dass du das schaffen kannst!

KOMFORTZONE VERLASSEN – HOW TO

- Sei achtsam in Bezug auf deine bisherigen Gewohnheiten (siehe S. 47, *Achtsamkeit*).
- Probiere neue Dinge aus.
- Plane diese Dinge fest in deine Woche ein (siehe S. 165, *Produktivität*).
- Nimm es leicht und siehe es als eine Art Spiel an!

Woche:

MONTAG

DIENSTAG

MITTWOCH

DONNERSTAG

FREITAG

SAMSTAG

SONNTAG

DEINE WOCHENAUFGABE

Schreibe dir alle Aktivitäten auf, die außerhalb deiner Komfortzone
liegen und dir Spaß machen könnten (siehe auch *Get Out of Your Comfortzone!*
auf S. 197). Wähle davon mindestens zwei aus und plane sie dir
für diese Woche ein.

Zeit zum REFLEKTIEREN

24

ROMANTISCHE Beziehungen

Oft ist die Idealvorstellung von einer romantischen Liebe sehr überzogen und verzerrt. Dieses Bild wird z. B. auch durch Social Media geprägt. Unter dem Hashtag #couplegoals finden wir auf Instagram vermeintlich perfekte Paare, die sich niemals streiten und jeden Tag wundervolle Erlebnisse miteinander teilen. Dass es hinter den Kulissen ganz anders aussieht und der überwiegende Teil der aktiven Content Creator nur die Sonnenseite ihres Lebens zeigt, beleuchte ich auch im Kapitel *Umgang mit digitalen Medien* (S. 221). Geprägt von dieser Vorstellung laufen wir Gefahr, dass wir in unseren Beziehungen nicht glücklich sind, weil sie nicht so ablaufen wie jene, mit denen wir uns vergleichen. Dieses Vergleichen ist in uns allen angelegt, ist aber definitiv sinnlos (siehe S. 131)! Zu romantischen Beziehungen gehören Streit oder Krisen dazu und erfüllen auch ihren Zweck.

Jede Liebe verändert sich und entwickelt sich weiter, weil wir Menschen uns (hoffentlich) weiterentwickeln und sich die Beziehungen dahingehend anpassen müssen. Das verlangt uns ab, dass wir uns dessen bewusst sein und es wirklich wollen müssen. Eine glückliche Beziehung fällt nicht einfach so vom Himmel. Sie bedeutet, täglich aneinander und miteinander zu ,arbeiten', Kompromisse einzugehen, zu kommunizieren und niemals den Respekt voreinander zu verlieren.

„Nur in einer Beziehung kann ich glücklich sein" ist ein großer Trugschluss! Niemand hat die Verantwortung, dich glücklich zu machen – das ist deine Aufgabe. Wenn du bereits alle vorherigen Kapitel gelesen und bearbeitet hast, bist du auf dem besten Weg, dich selbst glücklich machen zu können. Siehe partnerschaftliche Beziehungen als die Kirsche auf der Torte: sie kann dich noch glücklicher machen – die Basis musst du dir allerdings selbst erarbeiten. Eine lebendige und gesunde Beziehung funktioniert also nur zwischen zwei Menschen, die gelernt haben, für ihr inneres Glück selbst verantwortlich zu sein.

IMPULSE für Beziehungen

Beziehungen bedeuten auch Arbeit: Unterschiedliche Meinungen zu haben und Kompromisse einzugehen gehört zur Entwicklung einer Paarbeziehung dazu.

Die erste Phase der Verliebtheit wird hauptsächlich durch Hormone gesteuert und hält nur eine gewisse Zeit an, danach ist Kommunikation das A und O. Niemand kann Gedanken lesen! Das Gegenüber kann dich nur verstehen, wenn du dich mitteilst.

Balance aus Nähe und Distanz: Zu viel Nähe kann die Eigenständigkeit des Einzelnen kosten. Nur mit zwei Individuen bleibt eine Partnerschaft lebendig.

Du kannst dein Gegenüber nicht ändern und solltest ihn so akzeptieren, wie er ist. Ändere deinen Blickwinkel, übe dich in Gelassenheit, Geduld und Wertschätzung.

Dankbarkeit (siehe S. 39) ist wie ein Kleber in der Beziehung. Kleine Gesten im Alltag können einiges bewirken und einen liebevollen Beziehungsalltag ausmachen.

Brich deine Kindheitsrolle auf: Werde dir bewusst, welche Glaubenssätze und Verhaltensmuster du aus deiner Kindheit bis heute übernommen hast, und frage dich nicht nur, wie deine perfekte Partnerschaft aussehen soll, sondern auch, welche Person du selbst für dein Gegenüber sein möchtest.

Die Sprache DER LIEBE

Der Paar- und Beziehungsberater Gary Chapman hat mit seinem Buch
Fünf Sprachen der Liebe so einigen Menschen die Augen geöffnet. Darin erklärt er,
dass wir alle verschiedene Werte haben, über die wir unsere Liebe ausdrücken oder
uns geliebt fühlen. Seiner Theorie nach müssen wir die Sprache des Gegenübers
sprechen können, um uns auf der Liebesebene zu verstehen, andernfalls könnte es
zu Missverständnissen kommen. Die fünf Sprachen der Liebe und die
damit verbundenen Handlungen sind:

1. Lob & Anerkennung: ehrliche Wertschätzung, Respekt und anerkennendes Lob

2. Zweisamkeit: aufmerksam Zeit miteinander verbringen,
Präsenz zeigen, Gespräche führen

3. Geschenke: passende und individuelle Geschenke,
kleine Gesten im Alltag, Überraschungen

4. Hilfsbereitschaft: proaktive Unterstützung anbieten,
Hilfe als Selbstverständlichkeit ansehen

5. Zärtlichkeit: körperliche Zuwendungen und Berührungen
wie Umarmungen, Küsse etc.

Buchempfehlung

„Fünf Sprachen der Liebe" von Gary Chapman

„Anleitung zum glücklichen Lieben" von Gitta Jacob & Alexandra Widmer

DEINE WOCHENAUFGABE

Finde heraus, welche Liebessprache du ‚sprichst'. Es kann auch mehr als
nur eine sein! Überlege anschließend, welche Sprache deine Herzensmenschen
sprechen und was du in den nächsten Tagen für sie Gutes tun kannst. Wenn du
die richtige Liebessprache entdeckt und angewendet hast, wirst du bestimmt
positives Feedback erfahren.

Woche:

MONTAG

DIENSTAG

MITTWOCH

DONNERSTAG

FREITAG

SAMSTAG

SONNTAG

IDEEN UND GEDANKEN

Zeit zum REFLEKTIEREN

LIEBE ist eine
ENTSCHEIDUNG,
die täglich
neu getroffen
werden muss.

Liebesnotiz

ICH WOLLTE DIR IMMER SCHON MAL SAGEN, DASS DU ...

ICH MÖCHTE DIR DANKEN FÜR ...

DU BIST FÜR MICH EIN BESONDERER MENSCH, WEIL ...

ICH LIEBE DICH DAFÜR, DASS ...

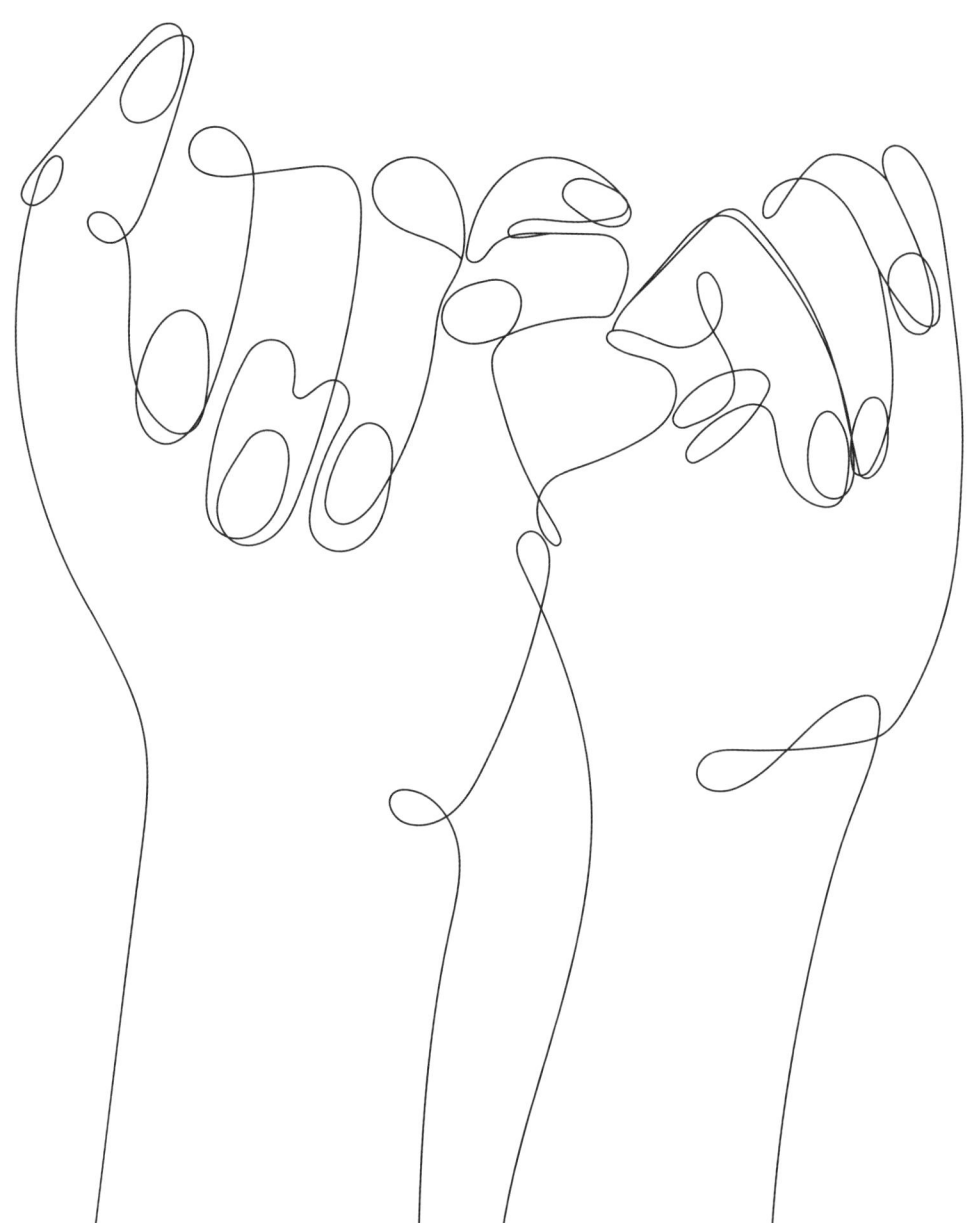

25

FREUNDSCHAFTLICHE
Beziehungen

Als Jugendliche dachte ich, je mehr Freunde ich habe, desto beliebter bin ich. Heute weiß ich, dass es nicht auf die Anzahl ankommt, sondern darauf, ob es die richtigen Freundschaften sind. Nicht alle von ihnen werden uns unser ganzes Leben begleiten, mit manchen teilen wir nur gewisse Lebensabschnitte. Bist du in deinen Freundschaften glücklich? Kannst du Grenzen setzen und wird ein Nein von dir akzeptiert und nicht persönlich genommen? Habe den Mut und trenne dich von Menschen, die dir nicht das geben, was du in einer Freundschaft suchst. Freundschaften sind essenziell wichtig. Sie sind ein Gerüst, auf dem ein glückliches und erfülltes Leben aufbauen kann. In wahren freundschaftlichen Beziehungen stehen wir alles miteinander durch – sowohl die guten als auch die schlechten Tage. Ich muss mit meinen Freund*innen nicht jeden Tag kommunizieren, sondern weiß, dass ich mich auf sie verlassen kann und sie immer für mich da sind, wenn ich sie brauche.

Dabei dürfen wir keine zu hohen Erwartungen aneinander stellen, denn wir haben alle ein eigenes Leben und niemand sollte anderen Menschen gegenüber ein schlechtes Gewissen haben müssen. Ich versuche, Streitigkeiten in Freundschaften zu vermeiden. Auch wenn wir nicht immer die gleiche Meinung haben müssen, so ist es doch schön, wenn wir in einer Freundschaft grundsätzlich ähnliche Einstellungen, Ansichten und Werte vertreten. Eine Freundschaft sollte für beide Seiten erfüllend sein und einen gewissen Mehrwert bieten. Dazu gehören für mich gegenseitiger Austausch, neue Denkanstöße, konstruktive Kritik, aus Erfahrungsberichten lernen und zusammen weiterkommen. Wertvoll wird für mich eine Freundschaft vor allem dann, wenn mir mein Gegenüber einen Spiegel vorhalten kann. Dadurch erfahre ich Ehrlichkeit, andere Sichtweisen und natürlich auch liebe Dinge über mich selbst.

Woche:

MONTAG

DIENSTAG

MITTWOCH

DONNERSTAG

DEINE WOCHENAUFGABE

Fertige eine Liste mit deinen Freundschaften an. Schreibe auf, was du an deinen
Freund*innen schätzt, was sie dir geben, was euch verbindet und was du gerne noch
mit der Person unternehmen und erleben möchtest. Überlege dir außerdem,
in welchen Punkten du ihnen gegenüber vielleicht noch nicht dein wahres Ich lebst
oder was dich an der freundschaftlichen Beziehung stört. Lasse die wichtigsten
Personen wissen, dass du dankbar für die Freundschaft mit ihnen bist.

Zeit zum *REFLEKTIEREN*

Buchempfehlung: „Wie man Freunde findet" von Dale Carnegie

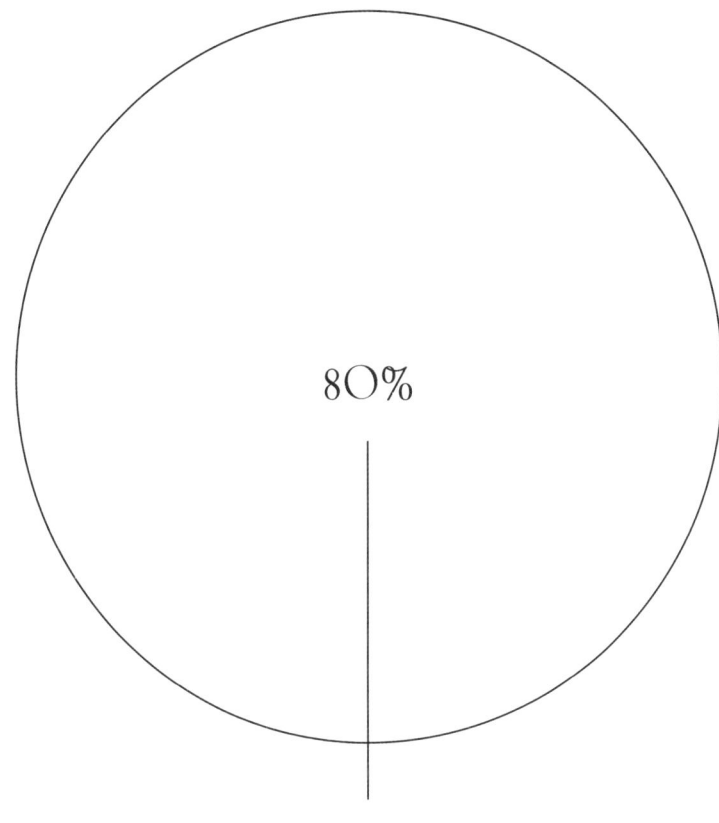

KONSUMIEREN

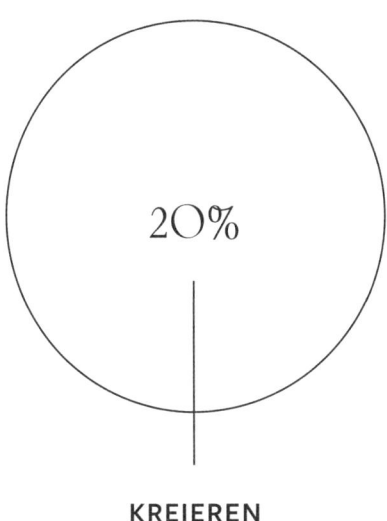

KREIEREN

26

Umgang mit
DIGITALEN MEDIEN

Digitale Medien sind aus unserem Alltag nicht mehr wegzudenken – was auch nicht schlimm ist, wenn wir den richtigen und gesunden Umgang für uns finden. Es ist eigentlich wie alles im Leben: „It's all about balance." Digitale Medien können zwar gut und hilfreich sein, aber die Informationsflut und ein übermäßiger Gebrauch können uns auch belasten und physische, psychische und soziale Folgen nach sich ziehen. Nicht ohne Grund haben wir alle vermutlich den Begriff „Digital Detox" schon einmal gehört. Das heißt übersetzt „technische Entgiftung" und bedeutet, dass wir für eine bestimmte Zeit bewusst auf technische Geräte und digitale Plattformen verzichten. Durch den Abstand, den wir beim digitalen Detox gewinnen, kommen wir zurück ins Hier und Jetzt und schulen unsere Aufmerksamkeit. Das ist nur eine der vielen positiven Auswirkungen.

Nicht nur der exzessive Konsum von sozialen Medien wie Instagram, TikTok & Co. kann negative Folgen haben. Auch die Dauerbeschallung mit Nachrichten kann es! Seit knapp einem Jahr versuche ich, meinen Nachrichten-Konsum extrem zu minimieren, und seitdem geht es mir besser – sowohl seelisch als auch körperlich. Vielleicht spürst du auch den gesellschaftlichen Druck, dass du tagesaktuell informiert sein sollst, was gerade in Deutschland und auf der Welt passiert. Mir ging es anfangs auch so. Aber dann habe ich erkannt: Die meisten Nachrichten sind durchgehend negativ und können dazu führen, dass wir diese Stimmung übernehmen und Risiken falsch bewerten. Viele Schlagzeilen werden aufgebauscht und sind extra reißerisch formuliert, damit wir mehr wissen und uns das sofort ansehen wollen. Diese Schlagzeilen können unser Weltbild prägen. Zudem sind einige News gar nicht so relevant, wie sie uns verkauft werden. Da dürfen wir uns die Frage stellen: Bringt uns der tägliche Nachrichtenkonsum wirklich weiter?

VORTEILE von digitalem Detox

Dein Schlaf kann sich verbessern: Der Geist kann sich besser beruhigen, herunterfahren und der Schlafrhythmus wird davon profitieren.

Wir sind mehr bei uns im Innen als im Außen: Dadurch laufen wir weniger Gefahr, uns mit anderen zu vergleichen (*Sich vergleichen*, S. 131).

Dein Morgen wird stressfreier: Du bist nicht nur durch die verbesserte Schlafqualität morgens fitter, dein Tag startet auch entspannter und stressfreier. Du gibst dich nicht der (oft negativen) Informationsflut hin, sondern bleibst bei dir (*Morgenroutine*, S. 71).

Du hast mehr Zeit für dich und deine eigentlichen Ziele: Wer kennt das nicht? Wir scrollen durch Instagram und plötzlich ist über eine Stunde vergangen. Was hätten wir in dieser Stunde alles machen können – für uns? Ein Workout machen, meditieren oder doch endlich unseren Zielen näherkommen?

Weniger digitale Medien = mehr Kreativität: Kreativität kann nur dann entstehen und sich entfalten, wenn wir ihr Raum geben. Da wir heutzutage gar keine Langeweile mehr verspüren müssen bzw. wollen, geben wir durch die Nutzung digitaler Medien auch der Kreativität keinen Raum, um sich zu entfalten. Lassen wir das Gefühl also eine Zeit lang bewusst zu, werden wir von anderen Dingen inspiriert und geleitet.

Wir erleben mehr durch weniger Erreichbarkeit, sind mehr im Hier und Jetzt. Dadurch können wir uns besser mit der Natur verbinden und nicht nur den Moment, sondern auch unsere Umgebung ganz anders wahrnehmen.

Wir können uns besser mit unseren Gefühlen und Emotionen befassen und werden weniger ‚fremdgesteuert'.

IDEEN für die Umsetzung

Meiner Meinung nach ist es **nicht** sinnvoll, einen radikalen digitalen Detox zu machen. Betrachte es ähnlich wie eine Diät – der Jojo-Effekt lässt schnell grüßen ... Es muss nicht dein Ziel sein, von heute auf morgen auf alle Medien zu verzichten. Setze dein Vorhaben step-by-step um.

- Der erste Schritt ist, den eigenen Konsum bewusst wahrzunehmen, um ihn dann zu hinterfragen und anschließend im Alltag langfristig anzupassen.
- Überlege dir Dinge, die du anstelle von Medienkonsum machen möchtest – dadurch fällt es dir leichter, es durchzuziehen und nicht aus Langeweile zum Handy zu greifen.
- Schaffe handyfreie Zonen und lasse dein Handy immer öfter ausgeschaltet oder auf Flugmodus: Bei mir ist es das Bett. Hier habe ich mein Handy sowohl abends als auch morgens nie bei mir.
- Wenn es dir möglich ist, stelle so viele Benachrichtigungen (E-Mail, Push-Notification etc.) aus, wie du kannst. Dadurch bist du entspannter und hast weniger den Drang, dein Handy in die Hand zu nehmen, um direkt zu reagieren.
- Filtere ganz bewusst deine Inhalte auf den Social-Media-Plattformen. Folge nur noch Accounts, die dir etwas Positives und ein gutes Gefühl vermitteln. Sortiere alle Accounts aus, bei denen du das Gefühl hast, dich vergleichen zu wollen.

DEINE WOCHENAUFGABE

Versuche, die nächsten Tage Folgendes umzusetzen: Notiere dir deine durchschnittliche Bildschirmzeit und wie oft du am Tag Nachrichten konsumierst.

Erstelle dir eine Liste von alternativen Aktivitäten außerhalb der digitalen Medien. Stelle deine Handy-Benachrichtigungen aus. Schaffe handyfreie Zonen und Zeiten. Behalte deine Bildschirmzeit und die Anzahl deiner Entsperrungen im Auge.

Woche:

MONTAG

DIENSTAG

MITTWOCH

DONNERSTAG

FREITAG

SAMSTAG

SONNTAG

IDEEN UND GEDANKEN

Zeit zum REFLEKTIEREN

Buchempfehlung: „Die Kunst des digitalen Lebens: Wie Sie auf News verzichten und die Informationsflut meistern" von Rolf Dobelli

Abschlussreflexion

Wenn du dieses Workbook bis hierhin durchgearbeitet hast,
möchte ich dir erst einmal gratulieren! Du hast dich für DICH entschieden
und dich jede Woche auf ein neues Thema eingelassen, konntest Inspirationen
finden und dich mit dir selbst auseinandersetzen. Die Abschlussreflexion hilft dir,
das Ganze noch einmal von außen zu betrachten.

Aus welchen Gründen hast du dir dieses Journal gekauft?

Was sind deine drei wichtigsten Erkenntnisse?

1.

2.

3.

Welche Themen fielen dir in der Umsetzung am schwersten?

Welche Themen gingen dir leicht von der Hand?

Welchem Ziel bist du nähergekommen?

Welches Ziel wirst du als Nächstes angehen?

Unternimmst du regelmäßig Dinge, die dir Energie geben? Wenn ja, welche?

Was ist deine liebste Affirmation?

Schließt du deinen Tag mit Dankbarkeit ab? Wofür bist du heute dankbar?

Gibt es Momente in deinem Alltag, in denen du achtsam
und im Hier und Jetzt sein kannst?

☐ Ja   ☐ Manchmal   ☐ Noch nicht.

Was machst du am liebsten, um dich in Achtsamkeit zu üben?

_____

_____

Meditierst du regelmäßig?

☐ Ja   ☐ Manchmal   ☐ Noch nicht.

Hast du Yoga ausprobiert?

☐ Ja   ☐ Nein, noch nicht.   ☐ Das ist nicht meine Sportart.

Welche Sportart hast du ausprobiert und für dich entdeckt?

_____

Konntest du mindestens eine neue Routine etablieren? Wie sieht sie aus?

_____

_____

Rufe dir hier ins Gedächtnis, warum du ein wundervoller Mensch bist:

_____

_____

_____

Führst du bereits das Leben, was du dir für dich wünschst?
Falls nicht, was ist dein nächster Schritt in diese Richtung?

_____

_____

_____

Fällt es dir leicht, Nein zu sagen und Grenzen zu setzen?

☐ Ja   ☐ Manchmal   ☐ Noch nicht.

Vergleichst du dich oft noch mit anderen?

_____

_____

Was hast du unternommen, um deine Work-Life-Balance zu verbessern?

_____

_____

_____

Hast du eine gute Struktur in deinen To-do-Listen
und in deinem Zeitmanagement?

☐ Ja   ☐ Unterschiedlich   ☐ Noch nicht.

Welchen Bedürfnissen darfst du noch mehr Raum geben?

☐ Selbstverwirklichung   ☐ Sicherheitsbedürfnisse

☐ ICH-Bedürfnisse   ☐ Grundbedürfnisse

☐ Sozialbedürfnisse

Hast du einen gesunden und ausreichenden Schlaf?

☐ Ja   ☐ Manchmal   ☐ Noch nicht.

Was tust du, um dich gesund und ausgeglichen zu fühlen?

Konntest du den Konsum von digitalen Medien einschränken?

☐ Ja   ☐ Größtenteils   ☐ Noch nicht.

Wofür möchtest du dir in Zukunft mehr Zeit nehmen?

Meine EMPFEHLUNGEN

Ich werde immer wieder nach Tipps für gute Bücher und Podcasts gefragt, weil ich mich fast täglich damit beschäftige. Oft finde ich etwas Neues, das mich inspiriert und von dem ich lernen kann. Eine aktuelle Auflistung findet ihr auf meiner Website, indem ihr dem QR-Code folgt.

Meine Literaturtipps

Hier findet ihr vor allem Bücher zu den Themen Persönlichkeitsentwicklung, Psychologie, Selbstakzeptanz und gesunde Lebensführung.

Meine Podcasttipps

Meine liebsten Podcasts sind thematisch bunt gemischt!
Von Psychologie und Mindset, über Entertainment und Wissenswertes bis hin zu Beziehungen und Sexualität. Für Interessierte habe ich euch auch Podcasts zum Thema Schwangerschaft & Mutterschaft verlinkt.

NOTIZEN

NOTIZEN

DANKE von Herzen

Dieses Workbook in der Schwangerschaft zu schreiben, neben der Geschäftsführung meiner zwei Firmen, war eine Herausforderung, die mich hat wachsen lassen. Um die Balance zu bewahren, war viel Organisation, Disziplin, aber am meisten Unterstützung nötig. Ich durfte bei diesem Projekt, aber auch generell in meinem Leben und im Alltag so viel Liebe und Inspiration erfahren, dass ich Danke sagen möchte.

ICH DANKE DEM LEBEN, das mir ermöglicht, diese Geschichten und Erfahrungen überhaupt zu schreiben. Dafür, dass ich lernen durfte, ins Vertrauen zu gehen. Ich bin dankbar für all die Umwege, Herausforderungen und Wunder, die ich erfahren durfte.

ICH DANKE MEINEM WUNDERVOLLEN MANN MORITZ.
Du hältst mir jeden Tag den Rücken frei – privat und beruflich. Ohne dich wäre ich niemals da, wo ich heute stehe. Du hast mit mir Burn-out und Depressionen durchlebt und gemeinsam durchgestanden und mir den entscheidenden Anstoß zur Therapie gegeben. Du bist mein größtes Vorbild und zeigst mir, wie leicht man das Leben nehmen kann, wieviel Glück und Dankbarkeit man vor der ersten Tasse Kaffee versprühen kann – und das seit über 5 Jahren.

ICH DANKE MEINER TOCHTER, DEM WUNDER IN MEINEM BAUCH.
Ich habe zu Beginn der Schwangerschaft mit diesem Herzensprojekt Workbook angefangen. Das zauberhafte Wesen hat mich noch einmal ganz anders zu mir selbst finden lassen. Sie hat mir gezeigt, worauf es im Leben wirklich ankommt und wie viele Wunder in uns stecken.

ICH DANKE STELLA, MEINER BESTEN FREUNDIN UND MANAGERIN.
Die tiefsten Gespräche darf ich täglich mit dir führen. Wenn aus Zoom-Meetings Psychologie-Sessions werden und wir uns gegenseitig so viel Reflektion und Mut geben, dass ich jeden Tag feststelle, dass wir Seelenverwandte sein müssen. Danke, dass wir den lebenslangen Prozess zu uns selbst Seite an Seite gehen dürfen.

ICH DANKE DER BESTEN COMMUNITY – meinen Follower*innen, die mich irgendwann zwischen 2016 und heute täglich auf Instagram begleiten. Ohne euch hätte ich nicht diese Chance und Aufmerksamkeit bekommen, dieses Workbook herauszubringen. Ohne euch gäbe es dieses Buch nicht.

ICH DANKE DIR, JA GENAU, DICH MEINE ICH.
Wer auch immer du bist, ich hoffe es hat dir Spaß gemacht, dieses Workbook durchzuarbeiten. Ich hoffe, dass die Aufgaben dich näher zu dir selbst gebracht haben, zu mehr Achtsamkeit, Erfolg und Glück. Verliere niemals deine Ziele aus den Augen, vertraue dir und deinem Weg.

Über FRANZI KÖNIG

Franzi König ist eine der bekanntesten Fashion- und Lifestyle-Influencerinnen aus Köln. Seit 2015 begeistert sie ihre Follower*innen mit inspirierendem und authentischem Content. Darunter sind nicht nur selbstbewusste Looks, Selfcare-Tipps und Beauty-Tutorials, sondern auch Eindrücke aus ihrem Business-Alltag als Geschäftsführerin. 2019 gründete sie mit *fafe collection* ihr eigenes Schmucklabel mit einem Onlineshop und eigenem Store.

Neben ihrem Alltag als Unternehmerin gibt Franzi auch Einblicke in ihr Privatleben: Fragen rund um ihre Schwangerschaft, Selbstfindung und andere persönliche Themen beantwortet Franzi offen auf ihrem reichweitenstarken Instagram-Account.

Impressum

ALLOW YOURSELF TO GROW

1. Auflage
© 2022 Community Editions GmbH
Weyerstraße 88-90
50676 Köln

TEXTE: Franzi König
PROJEKTLEITUNG UND REDAKTION: Sarah Völker
LAYOUT, DESIGN UND SATZ: Marietheres Schoppmann – www.marietheres-viehler.de
ILLUSTRATIONEN: S. 172: via Creative Market (Commercial License) © Ana & Yvy, alle weiteren: Marietheres Schoppmann
FOTOS: Cover-Sticker und S. 6: © Manju Muñoz Quiroga, alle weiteren: © Franzi König
GESETZT AUS der *FreightSans Pro* von Joshua Darden und der *NOIR et BLANC* von Nicky Laatz.

Gesamtherstellung: Community Editions GmbH
ISBN 978-3-96096-258-8
Printed in Latvia
www.community-editions.de